負面情緒的逆思考術

擺脫焦慮，逆轉怒氣，停止抱怨，
讓壞心情激發好能量的大腦訓練法

脳のしつけ

腦利全開（Active Brain）協會會長 小田全宏 —— 著　李麗真 —— 譯

Contents 目次

第一章　善用大腦的機制來調教大腦

第二章　「憤怒」的逆思考術

第三章　「不得不做的義務感」的逆思考術

第四章 「後悔」的逆思考術

第五章 「不安」的逆思考術

第六章　「不滿」的逆思考術

第七章　擺脫負能量的惡性循環，讓正能量擴散

推薦序

傳達言靈力量的人生導師

PERSOL TAIWAN（台灣英創管理顧問股份有限公司）董事總經理
都築 徹

我參加過好幾次小田老師的研修與講座，每一次都受到不同的刺激。站在演講台上的小田老師擁有令所有國籍的聽眾留下深刻印象的非凡氣勢，從老師的每一字每一句中，都能感受到老師的「言靈」力量中含藏的豐富人生經驗。且不論性別及年齡，小田老師總是能將邏輯簡單地向所有參加者說明，最後引導大家到解決之道上。

我在日本、上海、台灣的人資界待了二十年，為了自我成長與職涯成長參加了各種研習與講座。除了小田老師，我沒有遇過任何一位講師能分享這麼完整、這麼有「意義」的內容。此外，「講師」的角色只不過是小田老師的其中一面，小田老師在自己熱衷的音樂與運動的領域中，也是發揮了能與專業好手相提並論、豐富多元的才華。然而，如同小田老師所說的「那不是才能，僅僅只是享受著過程罷了」，貫徹著老師提倡的「陽轉思考」。

如此卓越，又富有生命力的小田老師所解說的《負面情緒的逆思考術》，也一定能夠為日本以外的各位帶來生命的啟示吧！

前言

我們活在這個世界上，多多少少都有許多煩惱或不安；也就是內心抱持著各種「煩悶、不舒暢」的感覺。

人際關係不順遂、被工作追著跑而感到焦慮、有時感到絕對無法原諒某人、常常懊悔著：

「當時如果那樣做就好了！」、對未來感到茫然不安……你也有上述的感覺嗎？

如果放任這些負面情緒不管，當有天開始失控，可能就會對人生帶來嚴重的影響。

但是，透過一些方法，其實是可以控制內心的負面情緒。

這就是我構思的這套「調教你的大腦」。

只要明白大腦的特徵，讓大腦如你所願的養成習慣，控制負面情緒就會比現在更容易。

不僅如此，妥善活用大腦的機制，還能讓正向情感變得更正向！

其實一件事情的發生沒有好壞之分，而是取決於大腦如何感受，換句話說，依調教大腦的方式不同，可以決定是幸還是不幸。

本書會講解如何透過調教、訓練你的大腦，控制各種內心的煩悶不安的糾結，讓自己的人生往好的方向改變。

此處，請容我稍微自我介紹一下。

我大學畢業後，進入了「松下政經塾」。在松下幸之助先生的指導下，一直從事教育訓練的研究。

之後，我成立了教育訓練的公司，透過企業研習或演講，向許多人傳達了「陽轉思考」的概念。「陽轉思考」簡單來說，就是扭轉看事物的角度，以太陽般光明正面的方式去思考，也就是「如實接納人生中所發生的事物，時常抱持感謝的心，全力以赴而活」。

人生，有好事也有壞事。舉凡是人，就會有正面和負面的情感。陽轉思考會先讓人認知到這一點，並從中開拓各種可能性。

此外從二〇〇四年開始，我還舉辦了名為「腦利全開課程（Active Brain Seminar）」的記憶法講座。

這不是只有教導如何提升記憶力的課程。在講座中，鍛鍊自己記憶力的同時，還會訓練想像力、專注力和創意，讓參與課程的人，可以實際感受到大腦不斷活化。

只要稍微改變大腦的使用方式，不僅能提升記憶力，還能獲得至今不曾感受到的自信！這當中蘊藏著能讓人生更加發光發熱的可能性，我觀察許多來上此課程的學員（從小學生到八十幾歲）的變化，深切地感受到這一點。

本書所傳達的「調教大腦的訓練」是一切的基礎，而我長年提倡的「陽轉思考」和「腦利全開課程」的思考方式，都是建構在此一想法上。

調教大腦的訓練法主要分成兩種。

一種是減少煩惱、不安或憤怒的負面情緒，讓思考轉向正面。另一種是讓欣喜或開心的正向情感變得更正面。

這兩種都巧妙運用了大腦的機制。

大腦也是人類身體的一部分，就像鍛鍊肌肉一樣，當我們養成習慣或透過

調教，就能隨心所欲地加以控制。

本書介紹了各種訓練方式。請不要只是「看完就結束」，請試著實際去實踐，不斷反覆再反覆地進行，讓觀念深植腦中！

讓心中所產生的負面能量逐漸變零；同時，正面能量不斷增加……。

倘若讀者學習了這種大腦的使用方法之後，就能消除心中煩悶而不舒暢的感覺，讓人生更加快樂順利，此時，身為作者的我將會感到無比的喜悅。

第一章

善用大腦的機制
來調教大腦

改變大腦的用法，就能改變人生

只要稍微改變大腦的使用方式，光是這樣，記憶方式、情感的感受方式和人生都會有一百八十度的不同。我每天都能親眼目睹這樣的變化。

因為，正如前言略提到的，我在日本各地舉辦了可活化大腦能力的「腦利全開課程」。

舉辦這個課程的契機是福岡某高中老師和我的對話：

「現在的小孩都不擅長記憶，打從一開始就放棄學習。難道就沒有什麼辦法嗎？」

我知道不管學習或記憶，只要改善大腦的使用方式，情況就會大不同。所以我回答：「那就先從學會記憶的方法，讓學生有自信開始吧！」

於是，我開設了記憶力講座，也就是「腦利全開課程」。

參加講座的學員從小學生到八十幾歲的年長者都有。在講座中學會記憶法後，一天就能記憶幾百個單字或幾十位數的數字。即使是第一次聽到的詞彙或是困難的漢字，也能輕鬆記下來。

這個技巧其實並不困難，根本原理早在兩千年前的希臘時代就已誕生。但我提倡的腦利全開，最大特色在於：透過「我也能有超強記憶力」的體驗，讓人生轉往正面的方向。

一個小孩，不管成績如何糟糕，當他記下了好幾百個單字後，聽到有人稱讚自己：「其實你很聰明呢！」時，他便會兩眼炯炯有神地回答說：「對，我是天才！」像這樣短短一天就記下如此大量內容的體驗，會成為「**實實在在、有憑有據的自信**」，讓他的人生變得更積極正向。

剛剛我提到「改變人生」，腦利全開想做的其實就是「改變生活方式」，而非單純只是提升記憶力。「我其實做得到！」、「我是天才！」這類「有憑有據的自信」，會讓他們的人生有戲劇性的改變。

因為不管遇到再怎麼糟糕的事情，只要有自信，在某種程度上是可以擊退它的。「原來我這麼行！」的自信，能讓人安心且變得更強。

如果沒有自信，當想要嘗試某件事時，就會出現「我可能辦不到」的消極心態。只要嘴巴上掛著「沒辦法！不可能！」，狀況就不會有任何改變，人生也無法活得更積極正向。但只要有「我可以做到！」的自信，就能往前跨出一步。

當然，跨出第一步後的結果，也有可能會失敗吧？作家曾野綾子說過：「只要去做就一定辦得到」，這句話其實是毫無道理的狂妄，因為，即使做了也辦不到的事情多得是。但是，即使真的失敗了，只要一個人有自信，那股自信就會成為你再次挑戰的動力。

從結論來看，一個人有了自信之後，就能夠積極正面地去面對每一件事，如此成功的機會也會增加，人生就會因此往正面的方向逐漸改變。

這就是我提倡腦利全開的目的。

在腦利全開課程中，上課的學員不論是八十幾歲的長者或十歲的小學生，都能記下幾百個單字或數字，無一例外。

這句「無一例外」是重點。也就是和世俗所謂的頭腦好壞、記憶力好不好、年齡大小、學歷高低……等等完全無關。不管是出身頂尖大學或一般人、小學生或年長者都辦得到。

因為我知道人類的大腦構造幾乎雷同。除了極少數的超級天才之外，大家的腦部構造都很近似。

但有人頭腦好、會做事或記憶力好，有人則反之。這是因為兩者運用大腦的「方法」不同。

不知道肌肉要怎麼使用，就跑不快也舉不起重物。但只要正確鍛鍊肌肉並懂得如何維持良好狀態，也就是加以「調教、訓練」，自然而然跑步就會比現在更快，也能舉起更重的東西。

大腦也一樣。

大腦和肌肉一樣是身體的一部分，透過調教、訓練就能加以鍛鍊和控制。

我會讓學員在腦利全開課程上，透過驚人的記憶體驗，親身感受原來大腦能夠輕易地被調教、訓練。

搞丟「內有五萬元的錢包」v.s.孩子身陷火場

前面提到「大腦能透過調教、訓練加以控制」。但還是有無法調教、訓練的部分，那就是生理現象。

假設你現在非常想上廁所，這時就算你告訴大腦：「不對，我應該不想去上廁所」，但因為膀胱內還是累積著尿液，就無法壓抑想上廁所的感覺。

假設你受了重傷，身上有很大的傷口，這時就算你告訴自己「不痛！一點都不痛！」也沒用，會痛就是會痛。睡意也是一樣，想睡就是想睡！

生理上的慾望存在著嚴峻的原因（實體，也就是身體實實在在的感受），再怎麼訓練大腦也是無法抑制的。

但煩悶而不舒暢的感覺，例如「今後該如何是好？」的不安，或「如果當時沒那麼做就好了！」的懊悔、「絕對無法原諒那傢伙！」的憤怒或嫉妒等，也就是負面的情緒其實是大腦自行製造出來的感覺，並沒有實體存在。

所以，只要知道確切的方法，並加以運用，就能控制負面情緒。

「不對，負面情緒也有實體吧！例如看到討厭的人會很不爽之類的。只要原因還在，就跟生理狀況一樣無法壓抑吧？」

或許會有人這麼認為。但負面情緒真的有實體嗎？我常會舉以下的例子做說明：

假設你弄丟了內有五萬元的錢包，心中當然會感到「怎麼會這樣！真倒楣啊！為什麼我沒把錢包好好放進皮包裡呢？」，同時憤怒、後悔、悔恨或難過等強烈的負面情緒就會一起湧上來吧？

但是，當你回家後，發現家裡失火了……這時你會怎麼想？看到好不容易買下的房子在自己眼前逐漸燒成灰燼時，弄丟錢包已經不算什麼了！

而且，屋漏偏逢連夜雨，此時，你又聽到小孩還留在家裡來不及逃生！這時你會怎麼辦？相信你的內心已經不知所措，亂無頭緒了。

房子全燒了無妨，全部財產付之一炬也無所謂，只要孩子平安我什麼都不要……。

你衝進熊熊燃燒的火場，拚死救出正在哭喊的小孩。衝出火場的瞬間，房子跟著倒塌了，但你的懷中緊緊抱著孩子。

「太好了，得救了。感謝老天爺。我真的好幸運！」

你緊抱著自己的孩子，全身顫抖著流下歡喜的眼淚……。

奇怪？弄丟錢包時的負面情緒跑到哪兒去了？

「怎麼會這樣？真倒楣啊！」的憤怒、後悔、懊惱等負面情緒已經消失殆盡，不知何時變成「太好了，得救了，我好幸運！」的情感。

到底什麼是「好」，什麼是「不好」？這會因為大腦的解讀方式而產生截然不同的想法。弄丟錢包和小孩平安獲救相比，根本是微不足道的小事。

上述的例子很極端，不過應該能讓你明白負面情緒其實並沒有實體吧？那只是大腦一時創造出的「理解方式」，也就是「故事」罷了。

正因如此，只要調教大腦的理解方式，再多的負面故事，也能改寫成其他故事。

轉念，讓大腦創造開心的故事

因為人類有時間和空間的概念，才會有情感，或試圖讓事物有因果關係，例如「如果當時那麼做就好了！」、「未來會如何？」，或「因為發生了那件事，才會變這樣。」等。

這是人類才有的特權，人類以外的動物不會如此。

狗、猴子或獅子也有生理需求，但牠們只有「此刻」的概念。當然，牠們肚子餓會想吃東西，外敵出現了會感到恐懼，而且肯定也會有想被其他同伴喜愛的慾望。

但那一切都是在當下產生的感受。牠們不會有「這樣可以嗎？」、「當時如果有吃那塊肉就好了！」，或「十年後會如何呢？」等想法吧！更別提像是「我好笨！」、「都是因為他才會失敗！」、「那件事如果之前這樣做，就會變得更好！」之類的懊悔了。

只有人類的大腦擁有時間和空間概念。從這兩個概念，就會創造出擔心未來或懊悔過去等各種故事。

反之，也可以說，正因為有這種能力，我們才能在人生中立下目標，為了自己的未來而學習、反省，同時構築富有創意的人生吧！

創意的背後會衍生出煩惱，左思右想、瞻前顧後、優柔寡斷，這可說是具有創造性的人類獨有的能力吧！

但若是放著煩惱不管，大腦往往會創造出負面的故事。因為大腦會記住過去發生過的負面體驗和當時的負面情緒。

剛出生的嬰兒沒有煩惱。我從來沒看過「心中充滿悔恨的嬰兒」或「受自卑想法而苦的嬰兒」。

人類還是嬰兒時完全不會有煩惱，為何煩惱或負面情緒會隨著成長而產生呢？這一切全源自於累積的經驗。想要什麼卻得不到、做不到、被斥責……這種負面體驗和與他人比較的體驗，會逐漸變成自卑、不安或後悔。

換句話說，一切只是過去的記憶束縛了現在的自己，進而產生負面情緒，煩惱本身沒有實體。過去被否定的事情單純只是記憶，不代表現在或未來都被否定。

回想一下錢包弄丟的例子。

「為什麼會把錢包弄丟呢？」這樣後悔或懊惱的情緒，在見到孩子平安獲救的感恩心情下，瞬間消逝殆盡。就像這樣，**煩惱其實都是自己想出來的，想法會隨著一個人怎麼去看這個狀況而改變**。

正因如此，我們必須訓練大腦，讓大腦創造出開心的故事。

那麼，具體該怎麼做呢？

大腦運作只為了追求「愉快」，避開「不愉快」

要調教大腦，必須先知道大腦的機制。其實大腦的機制相當單純。

追求「愉快」，並且避開「不愉快」。

就是這麼簡單！

所有的行動都是由大腦「追求愉快，避開不愉快」的程式而決定，無一例外。

這時，就會有一個疑問。假設有人拜託你做一個討厭的工作，而你做得心不甘情不願，這不是追求「愉快」的行動，但也沒辦法避開「不愉快」（因為討厭的工作正是「不愉快」的代名詞），所以不符合上述的機制吧？

的確，你會這麼想也很自然。但不是這樣的。因為會去做自己討厭的工作，也是確實依照大腦的程式而行動的。

如果你拒絕了討厭的工作會如何？會被上司斥責、考績不好，還可能被開除。因為不想要落得如此下場，才會心不甘情不願地接下工作吧？

如果是這樣，就是為了避免種種「不愉快」的後果，你才會去做這項工作。換句話說，會做不情願做的工作，是為了避免更大的「不愉快」。

假設你遇到強盜，被槍指著恐嚇：「把錢包拿出來！」，其實你並不想乖乖就範，但你更不想中槍。

所以為了避免沒命這個不愉快，你會把錢包拿出來給強盜。

而追求「愉快」方面，還有這樣的例子。

運動員拚命練習到快吐血（也就是「不愉快」），是為了獲得勝利這個更大的「愉快」。

考生放棄最喜歡的遊戲或玩樂，而徹夜苦讀，就是為追求考上第一志願的「愉快」。

這兩者看似都在做痛苦、難受或討厭的不愉快之事，但其實是為了追求更大的愉快。

像這樣，大腦在任何事物上都是在追求「愉快」，並避開「不愉快」。

這裡我們來思考一件事。

有什麼方法能追求「愉快」並遠離「不愉快」？只有兩種。

（1）直接獲得能讓人感到愉快之物，或直接去除不愉快的原因。

（2）讓大腦感受到愉快，或避開不愉快的感覺。

方法（1）最有效，效果也最大，但往往難以實現。

例如某人開法拉利車覺得很愉快，但法拉利車並不是那麼容易就能買到。又或上司是一個讓人超不爽的人，但若不換工作，就無法讓他從自己的眼前消失。

在這些情況下，就只能用方法（2），也就是改變大腦的感受方式。

雖然身處不愉快的狀態，假設大腦感受到的不愉快比例是一百，只要把它變成五十或三十，就算不愉快的狀況並沒有改變，但是鬱悶不快的感覺卻會減少。

像這樣，學習調教大腦的方法，就能減輕大腦的不愉快情感。

調教大腦的七個步驟

為了好好利用大腦的機制，調教大腦減少負面的情緒低落，或增強愉快的情感時，可依照以下七個步驟調教我們的大腦：

1. 瞭解理論
2. 實踐

3. 反省
4. 再試一次
5. 仔細體會
6. 有意識地持續下去
7. 讓自己能在不知不覺中持續進行

我所講授的調教大腦課程，是從「瞭解理論」開始。

如果能順利執行當然最好，但通常不會一次就順利成功，所以要反省沒有做好的地方，重新再執行一次。

如果還是不順利，就再一次反省和執行。

反覆嘗試幾次後，如果能成功，細細體會「成功」和「太好了」等成就感是非常重要的。換句話說，要讓大腦充分感受「愉快」的感覺。

在充分品嘗了愉快之後，要有意識地、持續地實踐之。因為成功一次之後，如果沒有不斷地持續下去，馬上又會忘記了。

能有意識地持續下去，最後就能在不知不覺中自由自在地運用。

到了這個階段之後，「調教、訓練大腦」的工作就告一段落了，你無需逐一思考也能控制煩悶而不舒暢的負面情緒。

附帶一提，此一流程不只能用在大腦的調教與訓練，它還能套用在所有的學習法上。基本上就是反覆練習，學成之後持續讓自己做到可以在無意識下進行的境界。所有的訓練法中，這是最基本、也最適合大眾的方法。

第二章之後，會學習如何控制各種負面情緒，為了學習這些方法，讓我們先記住這七個步驟吧！

接下來，會簡單地說明每一個步驟。

①瞭解理論——正確性很重要

「瞭解理論」這句話很精簡，但理論要正確理解才有意義。

例如想去做某件新的事情時，有時會請專家給予建議吧！此時，要正確瞭解理論，接收者（你）和傳達者（專家）的共識是很重要的。

有時傳達者自己明白，卻無法確實地傳達給接收者，也可能是接收者自己誤解了對方的意思。

我自己曾有一個遺憾的失敗經驗。

我的興趣是打桌球，某次剛好有機會和全日本排名前段的選手比賽。

因為機會難得，所以我拜託認識的專業攝影師，用影片記錄下比賽的過程。

「這次我要跟很厲害的選手比賽，你要確實拍好喔！」

我如此拜託他。他是專家，所以我百分之百信任他，認為他一定會不負所託。

然而，當我看到拍好的影片後，完全傻眼了。因為畫面上只拍到一來一往的球，打球的人完全沒入鏡。

我其實想看的是雙方用了什麼技巧，如何接招之類的比賽樣貌。

但這個想法沒有確實傳達給攝影師。

攝影師聽到「要確實拍好」的指示後，從球桌的正側面確實拍攝了球一來一往的樣子。對他來說，「確實拍好」是指桌球來回的樣子。

我則是抱持信任專業的態度，因為委託的是專家，所以相信他會確實幫我攝影，但我的「確實」是人要入鏡。

兩人對「確實拍好」的理解有誤，導致令人惋惜的結果。我當初應該跟攝影師說：「從這個角度這樣拍，要拍到兩個人打球的樣子。」

這是身為傳達者的我，因為沒有把意思確實傳達給對方，所以自己的想法未被正確理解的例子。反之，也有接收者並未確實理解，導致無法正確傳達的時候。

之後，我又有機會可以和在里約奧運奪下單打銅牌、團體賽銀牌的水谷隼選手練習桌球，這次我就確實地好好留下影像了。

像這樣，學會知識或理論後，試著驗證自己是否已經正確理解，這樣的態度很重要！然後，正確掌握理論後，再往下一個階段前進吧！

有意義。

②實踐——要付諸行動才有意義

不管懂多少理論，如果只是知道，是起不了任何作用的。理論必須實踐才有意義。

很不好意思，我又要提到桌球了，其實，我曾跟著教練學桌球。有一次，教練教了我殺球和旋球。

殺球是指立起球拍，用球拍的面用力揮擊桌球。旋球是平放球拍以摩擦的方式，對球施加前進並旋轉的力道，是繼殺球之後，第二有威力的打法。

殺球是立起球拍。旋球則是球拍平放。為何要這麼做？我很清楚其中的道理。但教練說我在殺球時，收尾的時候會平放球拍。

「不、不、不！沒那種事。我的球拍有確實立起。因為殺球就是要立起來吧！」我這麼說，教練還是說：「不對，你的球拍往下平放了。」

「不，這不可能。」我說，最後變成了各持己見的爭論，所以雙方決定拍影片記錄。

看到影片後，我嚇了一跳。因為正如教練所說，我在殺球時，球拍真的往下平放了。

理論我十分明白，實際嘗試後，卻做不到！有時就是會這樣。

③反省——實踐後務必檢討

所以光是知道理論還不夠，必須確實起而力行才行。有很多事情是嘗試過後才會明白的。

我在教大家如何演講的課程上，會指導大家不要添加「嗯——」或「那個」等贅詞，大腦雖然理解，但實際嘗試後，大家還是一樣會在演講時不斷摻雜「嗯——」或「那個」。

大腦雖然明白，還是會下意識犯錯，所以必須耐心練習到熟練為止。

我打桌球的例子也一樣，殺球的最後會平放球拍是下意識的習慣。這種情況只能請人檢驗並加以改正，別無他法。

「我覺得我明白了！」但這樣的理解有時仍會有誤，所以在試著執行後，如果覺得有疑慮，仍必須檢驗，以確認最初的理解是否正確。

④再試一次——突破自我設限

檢查看執行後是哪裡沒做好，然後再一次執行。但如果做一次失敗、做第二次還是失敗、挑戰第三次也失敗……重複這樣的過程，大腦就會開始感到厭惡。

然而如果在這時放棄，就稱不上是訓練了。小孩一直學不會拿筷子，父母就放棄不教的話，他長大之後依舊無法拿好筷子。

但如果不放棄，一次又一次調教大腦，在某個時間點就會茅塞頓開。

經過一定的平衡狀態後，表現就會突然變好，你應該也有過這種感覺吧？這可以套用在讀書、運動或工作上。

不知道自己是否有所進步或成長的狀態會持續一陣子，但如果你能忍耐，持續反覆進行，就能驟然突破瓶頸。

那種狀態令人感到非常愉快，讓大腦經歷那股「愉快」的感覺，會成為調教大腦的最好機會。

即使非常有才能，但嘗試兩三次都失敗就放棄的人，很遺憾地，做什麼事都不會順利。

完全看不到進步，卻依舊不放棄並不斷反覆嘗試的人，肯定能突破瓶頸，並發現在那之後隨之產生的「愉快」。

教導大腦這件事的，就是「再試一次」這個步驟。

⑤仔細體會——品味「達成目的」的愉快

假設經過反覆的執行，終於達成了目的。此時，最重要的是讓大腦仔細體會那種「辦到了！」、「我明白了！」、「原來是這樣啊！」的舒暢心情，也就是「愉快」。

簡單來說，就是產生「我懂了，原來如此」的頓悟。少了這種恍然大悟的快感，大腦就不會產生「下次繼續這樣做吧！」的想法。如果只是一知半解，馬上就會忘記學會的事情。

市面上有許多教人自我啟發或講述成功哲學的書籍，但這世上並非人人都是人生勝利組，如果能瞭解到這點就能清楚明白這個步驟的重要。

假設看完了書，卻沒有掌握住「辦到了！」、「原來如此！」、「原來是這樣！」這類恍然大悟的快感並仔細體會，學到的方法就不會深植心中，結果好不容易看完書卻跟沒看一樣。

例如你讀到一本書，告訴你整理房間能提升運勢，但你並不將這種觀念加以落實在現實生活中，讓大腦深深體驗「運勢真的變好了！」、「人生稍微變積極了！」，或「將整理付諸行動真是太好了！」的快感，整理就不會成為習慣。換句話說，你只是讀完那本書就將一切拋諸腦後了。

第二章之後將告訴大家如何解決各種煩躁，但如果你只是看過後就如上述所說般的過目即忘，這是沒有任何意義的。

假設你試著實踐憤怒的控制法，結果真的把過去一百分的怒氣，減少到五十或三十，這時希望你能充分體會「我也做到了！」、「我沒那麼急躁了！」、「原來如此，這個方法真的有效！」這類喜悅的情感，而非只是冷靜地覺得「喔——憤怒稍微減少了呢！」。如果很難感受到高興的正面情緒，那就試著實踐到它出現為止。

如果不用心體會愉快的感覺，就無法調教大腦，而且也很快就會忘記那種感覺，就算讀了這本書也不會有太大的意義。

但是，讀了這本書之後，只要能體會到「太好了！」、「有用！」，或「可行！」的感覺，即使只是一種感覺也好，都能訓練大腦，人生也一定會往好的方向前進。

⑥有意識地持續下去——即使「失敗也無妨！」

實際親自嘗試過，如果出現成效，或嘗到「原來如此！」的喜悅感，人們就會想一直持續進行下去。接下來，請務必有意識地持續實踐。

當然，不論是運動或讀書，任何事情都是持續進行越久越好。

控制情緒的方法也是一樣。控制憤怒的情緒可能會需要花一點時間，但經過練習之後會越來越快，一百分的憤怒能馬上變成五十分，最終能達到瞬間讓憤怒情緒歸零的境界。

這裡希望大家注意的是，也許某一次你會進行得很順利，卻不代表你永遠都會如魚得水。有時也許你能妥善控制憤怒，但也許在別的狀況就會失控，導致憤怒爆發也說不定。

屆時請不要覺得「我果然還是辦不到！」，而放棄到目前為止的努力。任何人都會失敗！連傳授眾人「調教大腦法」的我，偶爾也有無法確實控制大腦的時候。

就算已經能夠控制各種煩躁，還是有可能在某個瞬間突然變回過去的自己。不過，請不要覺得自己「果然辦不到！」或「沒辦法做到！」。

做三次很順利，如果第四次失敗，只要再做第五次就好。第五次又失敗，**只要持續做第六次就好**。

透過這樣有意識、持續訓練大腦，才是最重要的。

⑦讓自己能在不知不覺中持續進行——受挫時也能重新振作

即使遭逢失敗也無妨，所以要有意識地持續下去。反覆這麼做，失敗的次數就會逐漸減少。

四次中失敗三次，持續進行後可能會連續成功兩次，再繼續就會連續成功三次……透過這樣日起有功的方法讓自己越來越精進。

持續到某種程度後，不用刻意去做，也能無意識地進行下去。

這就是大腦經過訓練後能被強化功能的證明。

當然就算完成大腦的調教，能將控制情緒內化於心中後，依舊會有失敗的時候。但失敗了只要再次進行，大腦就會依照調教過程中所指導的方式自動運作，所以不用擔心。

能做到這個地步就沒問題了。**重點在於「不斷嘗試」和抱持「失敗也無**

妨！」的心態。

讓大腦接收自信訊息

第二章會開始教導大家具體上要如何調教大腦，但在那之前希望大家先記住一件事。

那就是要先預熱大腦。

運動前先暖身，可提升體能。大腦也是一樣，先「暖機」會讓訓練的效果提升。

暖機是指變成什麼狀態呢？就是提升「想試試看」、「再嘗試一下」，或「無論如何都不放棄」的心情，也就是「幹勁」。

只要想想讀書或運動就很容易明白吧，有句話說：「如果喜歡，就會擅長！」，所以抱持勇於嘗試的心情，會比心不甘情不願學得更快。

但正如前述，要有幹勁的前提是必須先有「覺得自己辦得到！」的自信。如果抱持「反正努力也沒有用」的心態，就不會有幹勁。反之，有自信就會將「想做」的想法，轉為「去做」的動力。

我要再次強調，我希望透過「腦利全開課程」，不只讓大家學到，如何記住大量內容，而是要進而從中獲得自信。有了「必定能做到」的自信，就能更有效地訓練大腦。

或許會有人說「突然要我有自信，我做不到！」。這樣的人也請不用擔心，只要對調教大腦來控制負面情緒一事，抱持興趣、關心或好奇心即可。興趣、關心或好奇心會因為自己「去意識」而湧現。

大家現在手上拿著這本書，也是因為有充分的興趣或關心吧？能夠這樣就好了。接著只要提高這樣的心情即可。

在我們的人生中，如果說出「這種事怎麼樣都無所謂吧！」，那就真的什麼事都會變得無關緊要。不關心某件事情也不會死，所以抱著毫不在意的想法，對一切事物都漫不經心且不感興趣，人類一樣能活下去。

但以那種方式生活，我們就不會動腦。大腦不活動就無法訓練，也無法控制負面情緒，更無法加強正面情感。這樣一來，人生或許會往負面的方向前進。

與其讓人生從此一蹶不振，大家應該會想讓它變得更積極才對，所以一定要時時抱持關心或好奇心。

抱持好奇心，覺得「想要嘗試」。這麼一來，大腦就會如願活化，現實也會改變。

我自己就有過這樣的經驗。

大家應該知道富士山現在已經成了世界遺產。其實，我在二〇〇三年，曾受到某位社長請託，希望由我來推動，讓富士山成為世界遺產。

剛開始我不是很感興趣，但因為許多緣故，我不得不接下這個工作。

既然決定接下，如果我抱著「沒辦法」、「辦不到」，或「不想做」的負面情緒，大腦就不會動起來。

我為了讓自己對富士山感興趣，告訴自己「想讓富士山變成世界遺產！」和「這件事絕對辦得到！」，然後開始去運作。最後，我變得由衷想要達成目標，結果就如大家所知，我們辦到了！

所以，既然要做一件事，就應該抱著「我辦得到！」或「我想試試看！」

的正向意念進行。如此一來，大腦就會努力動起來，找出能達成目標的方法。

永不放棄，就能在逆境創造奇蹟

如果有「無論如何都不放棄！」的正向意念，大腦就會往正向移動，然後設法找出道路。**大腦就是有這樣的能力！**

我曾經很明顯地感受過這一點。

事情發生在某年冬天。我因為工作關係，人在札幌，隔天因為在東京有一個講座，原本預定當天搭機回東京。但前一天東京下了破紀錄的大雪，羽田機場也封鎖了。

千歲機場往東京的航班全部停飛。由於大雪不停地下著，羽田機場也會持續封閉一陣子。當然，負責講座的單位祕書和我聯絡：「明天的講座要延期吧？因為老師沒辦法回東京。」

大家會怎麼做？就這樣放棄嗎？

一方面也是為了等待我上課的學員，我「說什麼都想回東京！」。於是，我立刻請人調查有沒有能回東京的電車。但東北新幹線也停駛，無法使用鐵路。我也考慮過租車，然而聽說高速公路也封閉了。於是我又調查了渡輪，但札幌這裡本來就沒有渡輪。

那該怎麼辦？你會在這裡放棄嗎？

我當時說什麼都不想放棄！

就在此時，我的腦中突然閃過一個好主意。羽田不能飛的話，不是還有其他機場嗎？降落在其他未被封閉的機場，再從那裡搭電車回東京好了！

於是我立刻調查，發現往名古屋和大阪的飛機還有空位。我立刻買了往名古屋的機票，飛到名古屋後，隔天再轉搭新幹線回東京。

結論上來看，我從沒有交通方法的札幌，在講座開始前回到了東京。

這其實跟頭腦聰不聰明無關。一個人再怎麼聰明，一開始接到祕書處的電話就回答：「好的，我知道了。講座延期」的話，就不會想到繞往名古屋再回東京的方法吧？

能不能想到方法和頭腦好壞無關，差別在於是否「無論如何都想回去！」。而我當時就是覺得「無論如何都想回東京！」。

「說什麼都想做！」

所以大腦才會拚命思考。

正如上述，進行某件事時，是否有「想做」、「想嘗試」，或「想變成那樣」的正向意念，結果會有很大的差異，請先理解這一點。

說到這裡，我想出一個應用題。

假設往名古屋或大阪的航班也全部滿位的話，又該怎麼辦呢？要放棄嗎？你有不能放棄的理由，因為你家人的生命面臨重大的危機。如果不馬上回東京，你摯愛的家人可能會喪命。只要你回東京，家人就會得救……。

那你該怎麼做才能回東京呢？

「說什麼都想回東京！」、「不回去的話家人會有危險！」，請試著這樣命令大腦。

你有答案了嗎？務必讓你的大腦火力全開，思考看看。

第二章

「憤怒」的逆思考術

負面情緒源自理想與現實的差距

我們人類每天都會抱持各種負面情緒。

負面情緒大致可分為以下五種：

（1）憤怒
（2）「不得不做」的義務感
（3）後悔
（4）不安
（5）不滿

接著，我們就從學習控制（1）憤怒情緒的方法開始，依序說明。但在那之前我想先說明負面情緒產生的機制。

想一想我們會將何種狀態稱為「負面」時，肯定會發現到某個「現實」。因為對某個現實感到「厭惡」或「不愉快」，才會出現負面情緒。

於是，大家往往會以為負面情緒是源自於負面現實，但其實問題不在於現實，這一點很重要。

負面情緒會產生是因為大腦認為原本「應該這樣的理想」與「實際上卻是那樣的現實」之間有落差，進而引發了負面的感受。

假如有一個人想減肥。他的體重現在是八十公斤，而他想要瘦到六十公斤。

理想和現實的距離有二十公斤。於是，他對二十公斤這個落差就會抱持「真討厭」或「不瘦不行」的負面情緒。

但如果是相撲力士呢？就算是八十公斤也沒有減肥的必要，反而還需要增加重量吧！

又或是自己的女友喜歡肉肉的男性，對你說「我喜歡壯壯的你」的話，那就沒必要減肥到六十公斤了吧！

其實體重八十公斤這個現實，無輕重或好壞之分。

只是八十公斤這個體重，跟自己「想變成這樣」的理想有差距，才會變成問題。

理想和現實的距離，正是負面情緒產生的原因，此距離越大，負面的煩悶感也會越大。

該怎麼做才能解決這個問題呢？

方法有兩種：

（1）讓現實接近理想。

（2）接受現實，消除差距感受。

其中，（1）「讓現實接近理想」是有效的方法，但實際上相當不容易。八十公斤要變成六十公斤就必須減重二十公斤。這需要非常嚴苛的減重吧？但只要意志夠強就能實現。另一方面（2）「接受現實，消除差距感受」則可在腦中進行操作。

因為提出理想的是自己的大腦，所以只要在腦中找一個妥協點，再加以控制即可。

為了「這世界並不是繞著我們轉」而生氣

那該如何控制第一號負面情緒：「憤怒」呢？

在那之前，先試著想想：憤怒是如何產生的吧！

憤怒產生的前提在於下意識以為「對方應該照自己的期待行動」。換句話說，心中會有「我都做到這種地步了，對方當然會拿出成果吧！」或「這是正確的，對方應該會遵從我的意見吧！」之類的期待。

然而，他人的行動卻不如所願。正如前述，理想和現實的落差越大，負面的情緒也會越強。

假設有一個人認為菸蒂絕對不能亂丟。要是有人在他面前亂丟菸蒂，他當然會生氣吧？可能還會出聲提醒對方：「你在搞什麼！」，因為對他來說，

「不應該在路上亂丟菸蒂」是正義，也就是應該遵守的「理想」。

不過，如果他本身就是會亂丟菸蒂的人呢？那麼，就算眼前有人亂丟菸蒂，他也無關緊要，甚至可能不會注意到。因為他的腦中沒有「不該亂丟菸蒂」的理想。

特別是自己信仰的價值觀或信念被無視時，人類會感到盛怒難抑。

倘若在信念堅定到認為「亂丟菸蒂是犯罪」的人面前亂丟，更會讓他怒不可遏吧！自己的價值觀或信念被否定，就等於自身的存在價值被否定一樣，這麼說，一點都不為過！

認為自己所珍惜的信念或價值觀，他人也要珍惜的這種「理想」，換來被否定的「現實」，這個落差會變成憤怒而顯露在外，落差越大，憤怒也會越劇烈。

憤怒不會消失，但可以控制

人類心中肯定會有憤怒的能量，不管再怎麼優秀的人都一樣，絲毫不會動怒的人不存在於天地之間。

就連松下幸之助先生也曾經被祕書看到他對妻子大動肝火。據說是因為幸之助先生打電話給妻子，結果妻子先掛了電話，於是他在電話中對妻子大吼：「妳為什麼要先掛掉，王八蛋！」

就連幸之助先生這樣沉穩的人也會對人發脾氣。

這是因為他人的行為不如自己所願，特別是對家人、朋友、同事或上司等，更會怒火中燒。

我會和在社會上非常受到景仰、人稱「導師」的人士交流。跟他們一起吃飯喝酒，有時會聽到一些真心話，其實在別人眼中看來修養很好的他們，也會對某人不滿或憤怒，並顯於形色。

因為不管旁人看來再怎麼優秀的人，在某人眼中都可能是無法忍受的討厭鬼。佛教的「怨憎會苦」，說的正是跟討厭的人也必須狹路相逢的苦。

不論是家庭內或職場中一定會有討厭的人。如果沒有的話，那你不是非常豁達，就是怪人吧？

我們應該認知到，在自己的人生中肯定會有令你感到憤怒的對象。

假如你希望「這傢伙消失吧！」，就算他真的消失，也會有其他新的「這傢伙」出現的。

因為你會看見至今沒注意到的某人厭惡之處，進而出現新的「這傢伙」。

憤怒的情緒不會消失，但可以控制。這是面對憤怒的基本思考方式。

那該怎麼做才好呢？

善用怒氣，做出正向改變

我並非完全否定憤怒的情緒。換個角度想，當自己被否定時，會感到非常憤怒，其實是一種自我保護的本能。

憤怒是所有動物都具有的情感。

面臨敵人的襲擊時，狗會齜牙並發出低吼，貓則會發出「嘶」聲加以威嚇，這都是為了保護自己。

憤怒的情緒是生命體不可或缺的能量，如果完全消失，反而會讓生命力變得薄弱吧！

但人類的問題在於，憤怒會久久不消並讓我們受其擺布。

貓咪會表現出威嚇的警告，但只要敵人消失，牠馬上就會忘記憤怒。狗打架也一樣，狗不會在事後想到打架的事情而感到憤怒吧！

只有人類會一直記住憤怒的感覺，被「唯獨那傢伙不可原諒！」或「給我走著瞧！」的負面情緒擺布。

當心靈因充滿憤怒的毒素而枯竭時，就無法幸福地度過每一天。如同前述，憤怒的能量絕對無法消除，但必須加以控制，避免它釋放非必要的毒素。

一百分的憤怒只要能壓抑到五十分，人生就會變得相當輕鬆。如果能壓抑到三十分，那就會輕鬆無比吧！若能到十分或五分，你就不太會感受到憤怒了吧！

當然憤怒無法變成零，人類不像佛祖不管被說什麼都能心如止水，也不會像耶穌一樣在右臉被打時還將左臉也轉過來讓人打。

但透過讓憤怒盡可能歸零的方式，便可從憤怒中解放自己，希望大家能在本章學會這些方法。

「靈魂出竅法」瞬間緩和情緒

憤怒達到顛峰是瞬間的事。我們常會因為別人對自己做了或是說了什麼，而頓時大發雷霆。

據說年輕的松下幸之助先生也曾被稱為「瞬間熱水器」，正如熱水器會瞬間點火一樣，憤怒的情緒會一下子在腦中湧現。

如果放著不管，憤怒的毒素就會逐漸流通全身，「真該死！」、「絕對無法原諒！」，或「把我當白癡啊！」等負面情緒會逐漸攀升，使自己感到痛苦。

此時，我在調教大腦的訓練上會採用「靈魂出竅法」。也就是，在感受到憤怒的瞬間，出現另一個自己對自己說：

「小田，你現在很生氣吧！我想也是。但不要緊。那種事情無所謂的！」

或許有人會覺得就這麼簡單嗎？但奇妙的是，憤怒的程度會瞬間下降。

假如你在路上被人撞到，對方沒有道歉就走了。

在你瞬間感到生氣，覺得「這傢伙撞了我還裝作沒事嗎？我絕不原諒他！」時，可以對自己說：「啊，小田你現在生氣了呢！很火大對吧？你動怒了，不過沒關係，因為這不是什麼大不了的事。」

如此客觀地告訴自己，心中的怒火便會稍微減輕，也會比較容易看見周圍的狀況。

動怒斥責對方或是在公眾面前上演全武行，對自己沒有任何好處。

一年後你還會記得這股憤怒嗎？

一個月後呢？

大概只要過一天，不對，只要一個小時，你就會忘得一乾二淨。對這種微不足道的小事，沒必要心煩。

面對沒禮貌的人，無視反而更好，自己的內心也會更平靜。

或者，假設上司不講道理亂指責你。

「拿這種事情指責下屬根本不對！」、「該負責的是你這個上司吧！」，或「好一個無能的上司啊！」等，你的憤怒會逐漸膨脹……。

此時也一樣，要在心中這樣告訴自己：

「小田，你現在很生氣吧！非常憤怒吧？不過沒關係。因為上司只會亂罵人又沒有氣度，不值得小田你認真對待喔！因為在這裡反駁他，一點意義也沒有。」

透過另一個自己對憤怒的自己發聲。感覺就像「靈魂出竅」一樣，讓另一個自己客觀地觀察憤怒的自己。

如此一來，憤怒的能量就會不可思議地平緩下來。

當然不會一開始就這麼順利。就算用靈魂出竅法告訴自己：「你在生氣吧？但是不要緊！」，有時依舊會憤恨難消。每次都能百分之百用靈魂出竅法壓抑怒氣的人，只有佛祖吧！

但嘗試四次、五次，有了一百分的怒氣被壓抑到九十或八十分的經驗之後，大腦就會受到調教，最後逐漸形成讓憤怒趨緩的迴路。

在此迴路完成前，請不要灰心，試著反覆嘗試靈魂出竅法吧！反覆進行才是調教。

這裡有一個地方需要注意。**萬一靈魂出竅法無效、你還是動怒時，切記不要對動怒這件事加以價值判斷。**

例如「居然因為這種事動怒，我還很不成熟呢！」，或「果然自己很沒用！」等，對自己生氣的這個行為，不要添加否定自己的評論。

應該順其自然地承認這件事。

「這樣啊！沒錯，我生氣了呢！」、「真的很生氣吔！不過沒辦法，人都有脾氣啊！」——像這樣全盤接受，就不會一直對憤怒耿耿於懷。

「為什麼我會生氣？」、「明明不應該生氣」、「我身為一個人還不夠成熟」、「我真沒用」等，如果像這樣否定自己，又會產生之後會提到的「後悔」、「義務感」，或「不滿」等煩悶的情緒，使自己一直受到負面情緒的影響。

要非常注意這點。

「夾緊臀部」的瑜伽消怒法

感到憤怒的瞬間，夾緊臀部也是具有速效性的方法。這是思想家、同時也是日本首位瑜伽修行者：中村天風老師，所教導的方式。

人類只要夾緊臀部就無法生氣。因為臀部夾緊後，在生理上會全身無法用力。

這可能難以置信，但大家可以嘗試一下。

先夾緊臀部，然後拳頭用力緊握看看。可以緊握嗎？應該沒有辦法。

人在憤怒時會全身用力。肩膀、手臂或拳頭也會使勁。但只要夾緊臀部，全身的力量就會逐漸鬆懈掉。

如此一來，憤怒就很難持續。

假設上司正在臭罵你。當你感到憤怒快爆發時，只要夾緊臀部並說：「對不起！」，奇妙的是上司的話就不會讓你受到打擊。

至少相較於全身用力的緊張狀態，夾緊臀部、放鬆力量，反而能讓憤怒的等級在低點作收。

我認為「靈魂出竅法」和「夾緊臀部法」可以搭配使用。憤怒的情緒湧現時，夾緊臀部告訴自己：「小田，現在A說的話讓你很火大吧？但不要緊的！」，如此就能讓憤怒減輕不少。

這是簡單又速效的方法，希望大家能嘗試看看。

用「骷髏13法」閃躲傷人話鋒

他人的行為或傷人話語，有時會刺傷自己，進而觸動憤怒的情緒。此時，我會採用名為「骷髏13法」的技巧。

日本漫畫人物骷髏13是一名殺手，敵人朝他開槍時，他可以使出超人般的技巧，把頭往左或往右一閃，閃開子彈。

當對方的話語像箭矢一樣，眼看就要刺傷自己時，可稍微動一下頭部，躲開言語之箭。不是只在腦中想像，而是真的要往左或往右動一下頭部。這樣就能把對方的話當成耳邊風。

把上司憤怒時的話語當一回事，內心就會受傷或感到憤怒。

在墜入負面情緒的陷阱之前，可稍微往左或往右動一下脖子，躲過言語之箭。單是這樣一個簡單的動作，就能大幅舒緩煩悶的負面情緒。

從簡單的事情開始練習，並充分品味結果

「靈魂出竅法」、「夾緊臀部法」和「骷髏13法」。前面介紹了三種調教大腦、控制怒氣的具體方法，但要立刻控制所有的暴怒很困難！所以可從簡單的事情開始練習。

在日常生活中感受到些許的憤怒，或對方的行為讓你不太愉快時，就嘗試運用上述的三種方法。

例如開車時，有人從隔壁車道硬切進來。那一瞬間，你會覺得生氣，但這就是一個機會。

可以用靈魂出竅法這樣告訴自己：「你現在生氣了，對吧？但不要緊。生氣也沒意義啊！反過來想，沒出事真是太好了呢！」當憤怒的心情稍微收斂

後，應該確實體會那種成功克制脾氣的感覺。

換句話說，讓大腦得到憤怒消散後的獎賞。就像狗如果學會「等待」，就能得到飼料當獎賞一樣，重複這樣的過程，狗就會確實學會「等待」的動作。

如此這樣調教大腦後，下次感受到憤怒時，就能反射性地運用「靈魂出竅法」、「夾緊臀部法」或「骷髏13法」。

剛開始要控制重量級的一百分怒氣應該會很困難；但如果是十分或五分的輕量級怒氣，就是練習的好時機。

另外，**練習的重點在於仔細體會憤怒頓時消退的感覺**。正如在第一章調教大腦的步驟中所學的「付諸行動後細細體會品味」。

當有人強行超車時，如果你覺得「那傢伙太可惡了！王八蛋！」，想追上去痛罵對方一頓的話，只會讓憤怒變本加厲而已。但使用靈魂出竅法，告訴自己：「啊！你很生氣呢！不過對這種事情生氣沒有意義，沒事的，對吧！」這麼一來，憤怒就會逐漸消散。

通常剛開始會覺得生氣，但假設怒氣能在五秒內消散，就應該仔細反芻那種感覺。

「平常應該會一直怒不可遏，但今天才五秒，就心平氣和了，這種感覺真好啊！」光是能感受這種感覺，就算是大成功。

一次又一次地累積，大腦就會確實記住這種「愉快」的感覺，然後逐漸受到調教吧！

「失敗也無妨！」是基本概念

假設成功控制了十次，但在第十一次怒氣爆發，不慎大發雷霆時，該怎麼辦？

這時完全不用在意。就算怒氣爆發了，只要之後恢復冷靜就好。然後告訴自己：「你生氣了呢！但不要緊的。有時也會這樣啊，畢竟你是有血有肉的人。」

千萬不能否定自己說：「我怎麼這麼糟糕！」，或「枉費至今成功了十次！」等。應該自然接受現狀，告訴自己「唉呀，這也無可奈何吧！」，或「有時也會這樣呢！」，然後原諒自己。

接著有精神地說一聲「到此為止！」，讓心情告一個段落，不要再耿耿於懷。

再來只要繼續挑戰就好。如果能稍微控制怒氣就可以了。就算失敗了好幾次，只要下次再挑戰即可。

「失敗也無妨！」是調教的基本。成功控制十次，但在第十一次怒氣爆發，然後第十二次又能控制，到了第十五次又再度爆發，但依舊繼續嘗試……。透過反覆進行，讓大腦一點一點地受到調教。

試著回想調教大腦的步驟。就算無法百分之百成功也不用在意。請抱持著：「能稍微控制就很棒！」的輕鬆心情，反覆進行「實踐↓反省↓再試一次↓仔細體會↓有意識地持續下去」的步驟。

若怒氣因為某種契機又死灰復燃，這也沒關係。「啊！你又在氣同一件事呢！這種狀況也是有的。這也沒辦法啊！」只要這樣告訴自己就好。不能覺得「明明一直能控制，怒氣居然又死灰復燃，這怎麼可以」或「果然要控制怒氣是天方夜譚」等。

我再強調，「失敗也無妨！」是基本概念。

失敗幾次，就肯定自己幾次，告訴自己「你又生氣了呢！」或「怒氣死灰復燃了呢！」，最後告訴自己「到此為止！」，讓事情告一個段落。

如此反覆進行，就能逐漸控制怒氣。

轉念改變觀點，怒氣就會消失

不論是「靈魂出竅法」或「骷髏13法」，邊失敗的同時邊反覆訓練，效果就會變得越來越好，能確實降低憤怒的程度。

這點一百人中有一百人都是這樣，無一例外。我能如此斷言，是因為憤怒這種感覺沒有實體。

舉個例子來說吧。假如上司罵你「像你這種傢伙最差勁了」，你聽了大概會很生氣吧。你應該會想說出：「這種個人偏見的指責沒道理吧！」、「希望上司能更仔細觀察我」，或「你有評估過我的能力嗎？」等話語加以反駁。

但假設某人告訴你，那名上司對你的評價很高，「在部屬當中，他最看好的就是你了」。這時你會如何？原本高漲的怒氣會頓時消失，甚至還會對上司產生敬意、尊敬或信賴感吧？

上司說的內容沒變，你的憤怒卻消失殆盡。會消失就表示「憤怒」本身沒有實體。

只是上司的話語含意在你心中改變了而已。換句話說，只要看待上司話語的觀點改變了，憤怒就會瞬間消失。

但是，生理上的疼痛或痛苦卻無法這麼做。想去廁所的尿意，只要膀胱的尿還在，就不會消失。受傷後的陣陣刺痛，只要傷口沒好，就不會消失。生理感覺是有實體的。

但在自己心中，「憤怒」可任意加工。光是改變觀點，你對話語的解讀就能有一百八十度的改變。「轉悲為喜」就是這種感覺。

如果你一直在意那種模糊沒實體的東西，不覺得自己很笨嗎？

改變「易怒」體質，培養正能量

憤怒總是會把矛頭指向他人。

「絕對無法原諒那傢伙！」、「走著瞧，可惡！」，或「絕對要讓你刮目相看」等，你是否也有過這樣的想法呢？

但請仔細思考一下。不管再怎麼生氣，損失的都是自己。

就算覺得對方很可恨，甚至氣到晚上睡不著，對方晚上還是毫無影響照樣呼呼大睡。

對方不會因為你說了：「絕對無法原諒你！」而心臟病發，會痛苦的只有自己。不小心氣到心臟病發的搞不好是自己。

這樣想來，對別人生氣，但損失的好像是自己吧？

話說回來，世界上確實也有很多人，把「走著瞧！」或「絕對不想輸給他」之類的憤怒轉換為動力。我不否定這種生活方式，不過單靠負面能量來激發能量，大腦並不會覺得開心。

即使能靠負面情緒一路努力，但若不將其轉變為「感謝」、「原諒」或「祝福」等愉快的正面能量，便無法得到真正的滿足。

如果不轉換成「因為有那傢伙在，所以我才能努力」或「多虧有那傢伙才成功了」等感謝的能量，不管走到哪裡，「絕不認輸」、「走著瞧」，或「該死」等負面能量，就會一直糾纏自己。

這樣的人最終要如何滿足呢？大概要等到氣憤的對象向自己下跪認輸吧！這種人最終的怒氣停損點，取決於對方是否開口認輸。所以只要對方不認輸，他們就永遠無法獲得滿足。

到頭來，靠憤怒能量過活，就等於是採取「為對方而活」的生活方式吧！只要依賴他人，不管到哪都無法獲得真正的滿足。以對方為基準的生活方式，只會害自己一直被人擺弄，這樣是不會獲得幸福的。

用「我訊息法」回應，避免傳達負面情緒

他人的言行舉止讓你感到憤怒時，直接告訴對方也是消除憤怒的方法。例如A在說你的壞話，你聽到內容覺得很不高興。此時採取的方法有以下兩種：

（1）不對A做任何回應

（2）直接向A抗議

要選擇哪個方式都無妨，但萬一選擇（1）的「不對A做任何回應」時，就應該使用「靈魂出竅法」、「夾緊臀部法」或「骷髏13法」等減輕憤怒，然後告訴自己「到此為止！」，不要再被負面情緒影響。

也就是當作這件事沒發生過，在自己心中做處理。

選擇（2）「直接向A抗議」時，有時可能會因為說話方式而讓自己更生氣，所以必須特別注意。

首先，應該注意的是，不要帶著怒氣說話。

若帶著怒氣，其毒素會讓自己的心靈乾枯，也會讓對方憤怒。所以應該盡量避免情緒性的說法。

還有，最重要的一點是，不要用「You（你）」，而是用「I（我）」來傳達訊息。

「A，剛才我聽到你說的那些話，我聽了覺得很難過呢！」

像這樣用輕描淡寫的方式傳達就好。如果加入「你誤會我了！」或「你錯了！」等「You-Message」，他可能就會反駁：「我沒說過那種話」或「我沒錯！」，讓情況變得更加複雜。

只要淡淡地告訴對方「I」或「我」是如何感受的。這不見得會百分之百順利，但至少比用「You」傳達訊息更容易得到好的結果吧！我將此方法稱為「我訊息法（I-Message）」。

過去我在斥責小孩時，也常使用這個方法。這招不是每次都成功，有時我最後還是會大發雷霆……。

當我感到憤怒時，會離開現場讓大腦冷靜一下。快被憤怒吞噬時，「緊急避難」很有用。總之就是離開現場。

等到冷靜之後，以「剛才也是不得已的呢！」、「不小心生氣了！」等靈魂出竅法觀察自己，然後告訴自己：「下次多注意，生氣到此為止！」

一直追究或懊悔「自己為什麼會動怒？」、「我應該更冷靜一點才對！」，或「我真沒資格當父母！」是沒意義的。所以要告訴自己：「這也沒辦法，都已經生氣了！」，然後讓自己放眼未來。

總而言之，我們周遭有很多因素可能會讓自己動怒，每件事都要生氣的話，身體可受不了。搭電車會覺得急躁，到了公司會因為不喜歡部下的工作方式而生氣。出外跑客戶剛好下雨，跟客戶談合約也不順利……等。

如果老是覺得急躁而累積大量怒氣，那每天都會活在憤怒裡。這種人生一點都不有趣，好運也不會上門吧？

所以就算感到急躁或動怒，只要妥善訓練大腦，就能控制怒氣並加以解放。

如此一來，每天的生活就會變得稍微輕鬆些，日子也會過得更容易吧。

第三章

「不得不做的義務感」的逆思考術

學著喜歡自己做的事

緊接在「憤怒」之後，下一個要處理的負面情緒是「義務感」。義務感是被「應該」、「必須」、「一定要」等不得不做的事被催促的感覺。

我們每天都會被義務感箝制。

上班族會從「必須早起」開始，然後「必須洗臉」、「必須換衣服」，和「必須坐電車」。主婦則會有「必須做便當」、「必須做早餐」、「必須叫孩子起床」……試想，可說幾乎整天都充滿了「必須做那個」和「必須做這個」的義務感。然後不知有多少人，會從早到晚被這種義務感牽著鼻子走……。

如果能控制義務感的負面情緒，每一天肯定會變得相當輕鬆。

那該如何調教大腦，以控制義務感呢？

要控制「憤怒」所採用的方法，是把一百分的「憤怒」情緒減少為五十分或三十分。但要控制義務感所採用的方法，並不是要減少義務感所必須做的事。

也就是，只須改變義務感的質，不必改變義務感的量。

這該怎麼做呢？我們必須利用前述的大腦機制：追求「愉快」且避開「不愉快」。

Livedoor的前負責人堀江貴文，曾在其著作中寫到一段有趣的回憶。

他因為Livedoor事件被捕後，在東京拘留所被要求：每天必須從事摺紙袋的勞動。

摺紙袋是單純的作業。

有如希臘神話中的一則故事《薛西弗斯的神話》。

觸怒眾神的薛西弗斯，某天被判處必須將一塊大石頭推上山頂的刑罰。

薛西弗斯用盡力氣，終於把大石推上了山頂後……一抵達山頂，岩石又會自動滾落山腳。他必須再把岩石推到山頂，就這樣一直重複無止盡的痛苦過程。這是薛西弗斯得到的懲罰。

沒有比無意義的勞動更辛苦的事。薛西弗斯受到的處罰，必須永不停息地持續這種苦行，並忍受其過程。

堀江所做的摺紙袋的工作也類似這樣。他是創意型的人，做這種單純作業應該很痛苦吧。

但這時，堀江反而開始思考：反正既然都要摺，那該如何更有效率呢？

他嘗試過各種巧思，成功且緩慢地提升了速度後，開始發現樂趣所在。

我想說的是，不需要改變摺紙袋這個行為本身，只要改變自我的意識，義務感就會變成一種快樂。

如果是喜歡或快樂的事，不管如何都會想做吧？所以只要把抱著義務感在做的事情，轉換成「愉快的事」，不愉快的情緒就會跟著消失，變成愉快或喜悅。

早起、去上班或打掃，都是大家遲早必須做的事情。

既然都要做，那就別做得不情不願，而是轉換意識讓自己能快樂去做，只要這樣調教大腦就好。這就是基本的思考方式。

用「來做吧～」法，將義務變成快樂

為了讓自己能愉快進行因義務而必須去做的事情，進行一點小「儀式」是訣竅。

那就是將「必須」或「應該」轉換成「來做吧～」。我直接將其稱為「來做吧～」法。

把「待會必須打掃！」換成「待會來打掃吧！～」，「必須工作」則替換成「來工作吧！～」。

或許有人會覺得怎麼這麼簡單？但實際嘗試後，真的就能實際感受到打掃或工作變得沒那麼討厭了。

就算是更嚴肅的事情，例如把「必須回應客訴！」換成「來回應客訴吧～」，原本有沉重義務感的工作，也會變得沒有那麼嚴重了。

實際上不只是「感覺到」，而是真的會減輕。

這點在心理學的實驗也得到了驗證。

實驗請兩人一組，一前一後站立。

首先，請站在前面的人強烈想像：「自己的體重非常重，而且雙腳生根在地，完全無法移動。」這種狀況下，站在後面的人想抱起他時，竟然會真的覺得重到抱不起來。

接著，請站在前面的人強烈想像：「自己就像長了翅膀一樣輕盈，彷彿快要翩翩飛起。」此時，要後面的人抱起他，竟然能夠輕鬆抱起。

當然，前面的人體重完全沒變。

換句話說，覺得「自己真的很重」時，體重就會真的變重（的感覺）；覺得「自己非常輕」，實際上體重就會變輕（的感覺）。

言歸正傳，簡單來說，「來做吧～」法是把上述實驗證明的內容，套用在日常生活中。

在工作上，抱著義務感，深刻覺得「必須做這個！」、「必須做那個！」時，工作就會真的變得又苦、又難、又麻煩。

但只要露出微笑，抱著「來做這個吧～」或「來做那個吧～」的輕鬆心情，實際上工作大多會變得很順利。

當眼前出現必須處理的義務時，如果一定都要做，那就放手去做。但既然決定要做，就稍微改變思考方式，像「接下來做這個吧～」一樣，在語尾加上「吧～」，然後露出笑容笑一個。

把這種做法變成一種儀式，藉此訓練大腦。

日本橄欖球選手五郎丸步踢球前，總會擺出同樣的姿勢，那也是一種儀式。

對自己送出「來做吧～」的訊號，然後微笑進行。把這當作是一種慣例，就能像五郎丸一樣很容易踢球成功，今後做任何事也都會感到非常輕鬆吧～

實際上，有一位女士在我的建議下開始了這個儀式。當時她覺得飯後的收拾和洗碗真是麻煩到不行。

但在我教導她「來做吧～」法後，她告訴自己：「待會就來收拾吧～，整理乾淨後會很輕鬆愉快！」，同時試著面帶笑容去進行。於是，整理收拾逐漸變得越來越像休閒活動一樣，心情愉悅，亮晶晶的廚房也逐漸變成了舒適的場所。

「來做吧～」＋「笑一個」，讓大腦愉快展開行動

再重複一次，大腦原本就具有追求愉快、避開不愉快的機制。所以告訴自己「這個行動很快樂（＝愉快）」藉此調教大腦後，不管再辛苦的工作、再麻煩的收拾打掃，都會變得很輕鬆。

不僅如此，拿飯後收拾的例子來看，愉快最後真的會成真。就如同五郎丸

透過儀式，踢出好球，用「來做吧～」這句魔法咒語，搭配「笑一個」的表情把它變成儀式之後，原本抱著義務感、不得已去做的事情，就會逐漸變成一種愉悅，實際導出好的結果。

好的結果就是「愉快」，大腦會追求「愉快」而逐漸活動起來。苦差事也會慢慢變成快樂的工作，最後令自己樂在其中。

想要讓效果變得更好，不要只是在語尾加上一個「吧～」，而是一定要搭配「笑一個」進行。許多實驗證明，「微笑」會讓大腦產生「這件事很愉快！」的錯覺。

請大家也試著露出笑容做事吧！大腦已知人類在愉快的狀況時，就會自然而然露出笑容，所以，剛開始就算勉強自己也好，試著露出微笑後，心情自然就會變得更愉悅。

反之，擺著苦瓜臉做事，大腦就會判斷現在是痛苦狀況。這樣就會越做越厭惡，效率也無法提升。

既然都要做，就改用「來做吧～」的說法，然後加上「微笑」。如此簡單的儀式就能訓練大腦愉快地開始行動。

之前發生了一件事。

有一個人在北海道從事NPO活動，每天在外跑完業務，還要回辦公室整理資料，他覺得非常麻煩，所以做得非常心不甘情不願。

結果，他會把工作累積個兩三天才處理，導致結果更嚴重。後來他打電話來跟我訴苦，說他真的很厭惡做資料。

於是我建議他在製作資料前，先笑一個，然後告訴自己三次：「製作資料好開心啊！Ya！」然後再開始工作。

結果在當天，他又打了通電話過來。

「小田先生，不得了了！我照著你的話去做，結果才花三十分鐘就把資料做好了。至今從沒發生過這樣的事！」

世界上應該有很多這樣的人吧！工作明明馬上就能完成，內心卻覺得麻煩或討厭，大腦才會覺得那件事情很沉重。其結果，可能會造成效率無法提升。

既然都要做，那不如開朗、愉快地露出笑容喊「Ya-！」。光是運用這樣的儀式，做事的效率肯定就會比現在更好。

沒有無聊的事，只有覺得無聊的心態

我想這個世界上有許多人，會因為義務感而不得不學習、不得不上班，或做家事。但真是如此嗎？

不管是學習、工作或家事，說得極端一點，如果真的做得非常不情願，你只要不做就好了。但你卻繼續進行沒有停止，所以仔細想想，其實那並不是討厭的事。自覺到這一點也很重要！

假設你覺得「雖然很討厭，但不得已要做現在做的事」，但那真的是討厭的工作嗎？

如果你辭去工作就無法生活，換句話說，你是因為那份工作才有飯吃。從大腦機制來思考，就會發現工作是一種乍看在做不愉快的事情，但其實是在追求「生活」這個更大的愉快。

「我靠這個工作才有飯吃。所以這個工作真好，實在很棒！」試著這樣感謝工作吧！不管做任何工作，應該都會對某些事有所助益的。所以覺得參與那件工作是「好事」或「很棒」並不是壞事。

你是為了追求生活的「愉快」，所以在做這個工作。因此並不是極端厭惡。

理解到這個基本道理後，試著添加一點巧思，讓（你覺得）無聊的工作變得更有趣吧！就像堀江先生找到摺紙袋的樂趣一樣，設法讓正在進行的事物變得更有趣。

我在松下政經塾學習時，有一個工廠實習的課程要進到工廠的生產線，做一到兩個月組裝零件的工作。每天，生產線上的零件都會從眼前經過，必須將其組裝成車用音響、錄影機，或收錄音機。

老實說，這是反覆進行的單純作業，所以我很快就膩了，心裡一直在想「唉——好討厭，不能早點結束嗎？」一直期盼下課時間到來。

但過了幾天後，我突然覺得：「這個工作不用深思熟慮也能做，很輕鬆耶！」。

這麼想的瞬間，我的大腦變得非常自由，在進行生產線組裝時，每天都可思考各種點子、妄想未來想做的事情，或思考該怎麼做才能讓工作變得更有效率，如此時間很快就過去了。至今因為單純作業而感到厭煩的工作，變得不再覺得痛苦，反而成為可自由發想的愉快時光。

說到工廠實習，我想到一件事，我常去的按摩店有一位技術很好的女性。詢問後得知，她白天是在豐田系列的工廠生產線作業。

「每天在生產線工作不厭煩嗎？」我這麼一問，她回答說：「完全不會！」據她所言，覺得生產線工作無聊的人，馬上就會辭職。留下來的人都是因為覺得有趣，才會繼續做。

同一件工作，會因為大腦覺得「無聊」或「有趣」，而產生完全不同的結果。

覺得工作無聊的人，是因為自己對大腦說：「無聊」，才會覺得不有趣。這樣的人更應該試著告訴大腦：「這個工作很有趣呢！」或「能對社會有貢獻呢！」。

這就是調教大腦。

如果這樣的訓練順利，原本覺得無聊的事情，就會變得相當有趣吧！

任何事情都一樣，不要抱著「非做不可」的義務感去做，試著在腦中覺得那件事「很有趣」吧！光是這樣，狀況就會有大幅的改變。

「登山型」和「遊河型」的大腦訓練法

前面提到要將義務感轉變成「愉快」的重點是，把「必須做」改成「來做吧～」，然後露出笑容，笑一個。

更重要的是，要玩味其過程和結果，讓大腦留下「辦到了！」、「很讚呢！」，或「狀況好轉了」這種爽快感，也就是「愉快」的感覺。

我將享受結果稱為「登山型」，享受過程稱為「遊河型」。

「登山型」是指立下目標並達成，然後玩味充實感。爬山時，途中的山路真的很辛苦，但登上山頂時的爽快感卻無與倫比！

準備升學考試很辛苦，但只要想像考上理想志願學校時的喜悅，或之後的光輝未來，就能繼續努力下去。正式合格時，要在腦中充分品嘗那股喜悅。這可說是「登山型」的訓練方式吧！

另一種「遊河型」是指享受途中的過程。沿著河川而下，同時眺望途中的景色，或是稍微繞路享受旅途中的樂趣。

就類似《東海道中膝栗毛》的主角彌次和喜多，在旅途中遭遇許多珍奇軼事一樣，到伊勢神宮參拜這個目的其實不重要，途中發生的事情很有趣，只靠過程就能充分享受的就是「遊河型」。

以準備升學考試的例子來說，只要著眼於得到新知識的喜悅，以及同學之間互相鼓勵並學習的回憶，那就會逐漸變成學生時代的珍貴的財產。

要訓練大腦控制義務感，有意識地使用「登山型」或「遊河型」也是一個方法，也可以兩者同時運用吧！

例如，假設你努力打掃完家裡，房間變得亮晶晶後，好好享受房間變乾淨後的舒適感，就是「登山型」。

除了對辛苦清潔的成果產生成就感外，你還可以讓自己在打掃時樂在其中。例如擦窗戶時，一邊享受玻璃逐漸變得亮晶晶的感覺，或擦地板的同時，一邊享受地板逐漸變光滑的感覺等，像這樣逐一玩味過程並打掃，就是「遊河型」。

接著，最後環視房間，沉浸在工作完成時的充實感中，應該更能享受到「登山型」的滿足感。就是「變乾淨真是太好了！」、「好舒服」，或「好愉快」的感覺。讓大腦充分體驗這種正面情感，下次大腦就會想追求這種「愉快」。

像這樣不只是結果，連過程也同時享受的話，會讓原本抱著義務感在做的事情，逐漸變得比現在更愉快吧！

例如每天早上刮鬍子很麻煩，但正因為麻煩，反而更要玩味刮鬍子的每一個細微動作，而非快速刮完它。

刮鬍子的同時，享受「肌膚逐漸變光滑」或「好舒服」的過程。刮完時用手觸摸，充分享受光滑的觸感。前一刻還刺刺的肌膚頓時變光滑的感覺，是一種女性無法明白，唯獨男性才能享受的快感。

從刮鬍子的過程到刮完為止，一路享受這種感覺。如此一來，覺得麻煩的刮鬍子也會變得很愉快。

寫字也一樣。現在所有東西都用電腦打字，所以寫字的機會大幅減少了。偶爾必須用手寫時就會覺得麻煩，不自覺會想振筆疾書，趕快寫完。

但此時若一字一字地仔細玩味書寫，不僅寫出來的字會比較漂亮，而且寫錯字的機率也會減少。

像這樣，記住「登山型」和「遊河型」這兩種調教大腦法，等到能自在運用時，義務感所帶來的不愉快也會逐漸消失吧！

每次只改變一點點的「小小步法」

比如說，現在眼前有事情必須處理。如果綜觀全體，就會覺得「事情一堆」而感到厭煩。

但如果將其分解為幾個小步驟，試著集中在眼前這件事情上，很多時候就會在不知不覺間做完所有事情。

不要覺得「這個要做！那個也要做！」，而是要讓大腦覺得：「今天只做這件事！」或「只做這裡！」等，享受每一小步，並逐一完成所有事情的「小小步法」。

假設你家堆滿了雜物，東西散得滿地都是，寸步難行。如果想要一次整理完，就會因為不知該從何處著手而感到麻煩，馬上就會想放棄。

但可以先決定要打掃的點，例如：「今天只打掃櫥櫃的抽屜」或「明天只掃浴室和盥洗室」等，試著從小地方開始。然後把櫥櫃的抽屜打掃乾淨後，誇獎自己：「喔，變得好乾淨！」或「做得好！」，讓大腦玩味享受快感。

每天這麼做，從小地方慢慢整理的話，只要一個月，家裡就會完全整理完畢，乾淨得有如換了新家一樣吧！

無法一次全部整理完畢，可將全體加以分解，然後從小地方開始著手，如此就不會有辦不到的事情了。

這個「小小步法」乍看之下很花時間，到頭來卻能讓失誤減少，反而還有縮短時間的好處。

這是因為如果被義務感催促，抱著「討厭的事反正就是趕快把它做完」的心情，想一口氣做完時，可能會犯下大失誤，最後還得從頭再來一次，這樣反而會感到更加麻煩吧！

與其這樣，不如重視每一個瞬間，在當下將事物分解並細心進行，讓大腦能感受到愉快並得到滿足，不僅會整理得比較快，同時，負面的情緒也不會延長。

像這樣，將事情分成幾個小步驟逐次處理，也是訓練大腦的方式之一。

避免堆積「腦內垃圾」

放著應做的事情不做，因義務感所帶來的煩躁會逐漸增強，心中也會不斷被「必須做這個」或「必須做那個」的重擔產生苛責。

為了避免這種狀況，應從下列三者中挑選一個方法進行。

（1）現在馬上做

（2）不做

（3）決定期限或條件後做

也就是說，如果覺得必須整理房間，可從以下三個選項擇其一：（1）現在馬上做、（2）太麻煩所以決定不做、（3）現在無法馬上進行，所以「本週日做」或「人手到齊後再做」。

千萬不能採取「擱置」這個選項。如果採取「之後再做」、「有空再做」，或「總之先擺著」的做法，不管過多久都不會做，而且「必須整理」的義務感會一直持續，無法從腦中消退。

請記住，擱置事物後，會一直保留在腦中，最後變成「腦內垃圾」。

話雖如此，有些事情還是無法立刻做判斷吧？這時該如何是好呢？

假設你近期想做家中的大掃除，但現在工作太忙無法進行。為了不擱置這件事，重點在於，必須明確訂下大掃除的條件。不要說「總有一天會打掃」，而是決定好「這個條件和那個條件備齊了，就打掃吧！」。

「現在手邊的工作結束後，隔天就打掃吧！」或「如果能拜託A和B來幫忙，週末就打掃吧！」等，也就是讓具體的條件明確化。

決定好條件後，要告訴大腦「在條件湊齊前不會進行」。如此一來，就算沒有打掃家裡，也不會感受到「必須打掃」或「必須整理乾淨」的急迫性義務感。

我有一個想要創業的年輕朋友。雖然他尚未付諸行動，但並非把創業這件事擱置，而是決定好要先聽從自己尊敬的指導者A的建議之後再行動。

現在不馬上創業，並不代表決定不創業了，而是決定聽取A的意見之後再行動。

他在腦中已經做了這樣的整理，所以不會急著想創業，也不同於只會談論夢想卻不實現的人。我認為他是在大腦非常清晰的狀態下在思考創業問題。

像這樣，預先訓練大腦，在出現義務感時，用三擇一的方式決定要採取什麼方法，就不會有擱置的狀況，也不會一直為義務感這個負面情緒所苦。

「忙碌」的真面目

當「好忙！」變成口頭禪，就必須特別注意。因為那就是被義務感追著跑的證明。

忙碌的真面目不是指有很多事情要做。而是指在進行一件事時，腦中閃過其他事情，例如在處理A時，想到B或C也必須處理。

會覺得忙不是因為有許多事情要處理，而是在做A時，大腦連帶想起「B」和「C」也要做，才會感到忙碌。

請想一下沙漏的樣子。不管沙子再多，從瓶頸掉落的沙量都是固定的。同樣的，不管要做的事情再多，大腦一次能處理的容量也是固定的。所以，為了不被忙碌這個負面情緒壓垮，在做A時，就集中精神做A，不要想其他的事，進行B時亦是如此。

像這樣整理大腦，也是一件很重要的事情。

話雖如此，有時在做一件事時，還是會突然想到另一件事也要做。此時，可當場決定「何時要做這件突然想到的事」，然後先大略寫在筆記本或行事曆上。

在筆記之後，那件事情就先暫時放下，注意力回到原本的工作上。如此就能從忙碌的幻影中解放大腦，控制因義務感所帶來的煩悶，度過心情愉快的一天。

總而言之，人類所有的行動都是在追求愉快或避開不愉快。

對於會感受到義務感的事物，如果不去做，反而會有不愉快的感覺，所以要告訴大腦為了去除不愉快，這麼做是必須的。當你注意到時，那件事就會變得沒那麼討厭了吧！

第四章

「後悔」的逆思考術

與其後悔曾經做錯的過去，不如讓它成為你會珍惜的未來

「當時那樣做就好了！」、「為什麼會那樣做呢？」、「早知道就不做了！」……。

人們確實是活在各種後悔當中。

這種後悔的負面情緒，是人類獨有的。因為後悔是源自於記憶。正如前述，動物只有現在這個瞬間。即便現在這個瞬間有不愉快感或危機感，動物也不會回顧過去並感到後悔。

人腦有一個部分稱為前額葉，此處掌管了記憶或「想活得更美好！」的慾望。因此，前額葉常會思考各種事情，例如「其實應該那樣做比較好！」、「先前這樣做的話，應該會得到更好的結果吧！」，或「當時應該這樣做才對！」等。

後悔這種情感，正是為了讓人類活得更美好，而產生的一種心理作用。

此處，我想先談一個大家常誤解的事情。

大家是否認為後悔是針對「過去」的事情？

其實並非如此。

後悔確實是針對過去的事情，但被指正的不是「過去的自己」，而是「現在的自己」。

過去不管有多糟糕的經驗，只要現在的自己很充實，就會正面評價此經驗，覺得「因為當時的經驗很糟糕，才有現在的自己」，不會抱著後悔的念頭。

因為感受到「現在這個自己」的缺點，才會產生後悔的想法。反之，只要覺得現在很好，就不會感到後悔。後悔這種負面情緒，僅針對現在的自己。

所以調教大腦控制後悔的情緒時，重點應在於如何面對「現在」。

用「就是這樣了！」法，不再被過去束縛

後悔是針對「現在」的情緒，而非「過去」。所以現在這個瞬間，只要改變過去感受到的消極想法，後悔的負面情緒就會逐漸消失。

其實只要充實現在，對過去的想法就會有一八〇度的改變，但實際上很難馬上改變現實吧？

此時，應反覆告訴大腦說：「這件事已經結束了，所以就是這樣了！」。「就是這樣了！」、「事情過去了！」、「過去了就好！」，就這樣反覆告訴自己十次。《天才笨蛋伯》的主角父親常說：「就是這樣了！」，正是這句台詞，我將此稱為：「**就是這樣了！**」法。

但是有一點不能搞錯，「就是這樣了！」的想法要針對「過去」的事，而非現在。

例如，結婚後，發現自己的丈夫三不五時就會家暴，妳一直有「早知道當初不應該跟這種男人結婚」的後悔念頭。此時，不是覺得「現在跟有家暴傾向的男人結婚的狀態就是這樣了！」，而是要原諒在結婚當時無法看透這種男人的自己。

到頭來，只是當時自己太年輕，沒有看男人的眼光，沒注意到對方是這樣的男人罷了。那是當時的自己，沒注意到這樣的狀況是自己的命運，要接受這點用的就是「就是這樣了！」這句話。

透過「就是這樣了！」肯定過去的自己，讓自己能確實站穩腳步。

和有暴力傾向的男人結婚的人，認清了「當時的自己沒辦法看清楚這個人如此暴力，一切都沒辦法挽回了。所以就是這樣了！」，接納了當時的自己的同時，告訴自己：「現在我已經知道了，跟這個人分手吧！」，要朝這個方向積極思考自己的未來。

被過去束縛、一直在後悔的人，會對未來感到膽怯，最後一事無成。因為你否定過去做過的事情，所以大腦會覺得未來搞不好又會發生讓自己後悔的狀況。

過去發生的現象，是因為當時不成熟的自己所招來的，那也沒辦法，就是這樣了！

因為經歷過各種經驗才有現在的自己，因此重點在於認為過去的經驗「就是這樣了！」，然後放眼未來。

常會有人說「學生時代如果多讀一點書就好了！」，但問他現在是否在讀書，答案可能是現在也完全沒有讀。他只是把過去沒讀書這件事，當成現在也不用功的藉口。

像這樣，後悔可能會被當成「現在」自己做不到的藉口，所以要調教大腦接受已經過去的事，覺得「就是這樣了！」，並讓心煩意亂到此為止。

可補救的後悔，應立即採取行動處理

對於後悔的事情，有事到如今仍還來得及補救的。假設，你現在後悔著：「當時為何要跟對方說那麼過分的話？」

如果可以聯絡到對方，就直接當面向對方道歉，這是消除負面情緒的方法之一。

再假設，最近辦公室有一名下屬缺乏注意力，你出於好意給了他建議。自己認為做了適當的建言，但似乎沒有確實傳達你真正的用意，反而讓對方萎靡不振，失誤不減反增……。

如果你對這點感到後悔，應該馬上為自己的說明不足而道歉，並傳達真意。然後和該下屬一起思考他現在煩惱的是什麼，以及該如何重拾對工作的幹勁等問題。

像這樣，現在也能補救的後悔，只要盡早處理即可，別讓負面情緒長久糾纏著你。

當面向後悔的對象道歉這個方法，在對方已經過世時一樣有效。

我主辦的講座或演講中，偶爾會有人流著後悔的眼淚說出：「當時應該對奶奶更溫柔一點！」或「當初應該更孝順母親！」等話語。

像這種時候，我都會告訴他們：「你的心情已經充分傳達給過世的親人了。」

類似這樣的話語，其實也可以自己告訴自己。

不管是在過世父母的墳前或牌位前都無妨。「無法盡孝道真的很抱歉！」或「應該對你更好才對！」，只要由衷道歉並覺得「這份心情肯定能傳達給天國的父母」即可。這樣的心情可療癒自己，進而原諒自己吧！

從助人的過程中找到自我價值

想不開、愛鑽牛角尖總是在後悔的人，有「**自我價值感**」過低的傾向。缺乏自我肯定的人，打從一開始就貶低自己，總會覺得「就算做了這件事，自己也沒什麼重要的」，結果會對任何事情都抱持非常消極的態度，被他人認可或重視的機會也就跟著減少。

於是成功體驗也會變少，「早知道就那樣做！」或「要是那樣做就好了！」的後悔心情則不斷增加。

另一方面，充分受人認同或喜愛的人，自我價值感會比較高，想幫助他人的心情也會很強烈。然後，因為他們積極地想幫助別人，也會不斷得到他人的認同或感謝，自我價值感就會相對逐漸增加。

為了逃離後悔，只要提高自我肯定感即可，但這非常困難。

例如在公司原本位高權重的人，在退休、少了頭銜後，有時就沒人會靠近，導致自尊也會顯著下降。然後，這樣的人可能會全盤否定自己的人生，覺得：「我的人生到底是為了什麼？」或「四十年來的上班族生活沒有任何意義！」等，最後，活在後悔當中吧！

此時，其中一個解決方法是成為「沒有頭銜但依然是受喜歡的人」。別到處擺架子說：「我是○○公司的董事長」，而是以一介大叔的身分，參加地區的聚會或志工，跟著大家打鬧喝酒。如此一來，就能打入團體，成為被喜歡的人吧！

人生如果只有工作上的交際，退休後要建立人際關係可能會很辛苦。為了不讓自己在上年紀後全盤否定自己，平常應留意建立更寬廣的人脈網絡，在工作以外的地方，也應該預先製造能感受到自我價值的機會吧！

原諒別人，也原諒自己

想像目標後，大腦會朝那個方向規劃最有效率的道路，並加以誘導，這稱為「心理傳導（Psycho-Cybernetics）」理論。提倡這個理論的麥斯威爾・瑪爾茲認為，無條件原諒他人和自己，是放下負面情緒最有效的方法。

即便對他人抱持著「唯獨那個傢伙無法原諒！」的憤怒或憎恨，或者是一直責備自己「後悔為何會做那種事」，負面情緒依舊不會消失，反而會變得更加嚴重。

但如果能無條件原諒他人和自己，就能大幅減少憎恨、憤怒、自責或後悔等負面情緒。

無條件原諒他人和自己，負面情緒就會消失。

確實，已經發生的事，再怎麼後悔也無法挽回。當你因為不可抗拒的力量，被捲入某種麻煩時，就算你憎恨對方，狀況也不會改變。

如果能原諒自己，覺得「這也沒辦法啊！當時沒注意到會變成這樣！」，同時抱著「對方也有他的立場，當時肯定也很拚命吧！」的想法一併原諒對方，心情也會稍微變好吧！

當然，要讓自己不再重蹈覆轍。有時間耿耿於懷的話，應該把時間拿來思考未來比較好吧！

過去的事情已經發生了，所以應該把它從「現在」或「未來」切割出來思考。

為此，應該調教大腦無條件地原諒他人或自己，然後讓「現在」重新開始，最後或許會有機會挽回自己或他人造成的麻煩吧！

有高低起伏的人生才豐富

不斷地重複失敗，並且提醒自己今後要留意，同時變得越來越聰明，這就是人類。然後，又會因為其他事情沒有注意到而失敗。人生就是不斷重複這樣的過程。

「啊！」不慎失敗後，每個人都會感到懊悔。但就算是一瞬間的沮喪，也應該認為那種經驗是人生的一部分。

所謂豐富人生指的就是各種感情的高低起伏。乍看「啊！」覺得是失敗了也無妨，人生會從中學到許多東西。因為，如果沒有那種體驗，就不會有當時的情感，也不會從中學到什麼了。

平淡的人生或許不會有失敗，然而也會少了樂趣。我們的人生只有一次，應該盡可能使其豐富多彩，然後體驗過所有可以體驗的東西，讓人生有高低起伏。

從這層意思看來，我的信念是「與其不做，然後後悔，不如做了再後悔比較好！」。就算嘗試後失敗了，並感到後悔，但只要接受這個事實，就不會一直被後悔苛責。

而且，要實際嘗試後才知道會失敗，這比無所作為，永遠不知道答案還要更好吧！

假如你向喜歡的女性告白被拒。瞬間，你可能會後悔覺得：「早知道就不告白了！」雖然告白被拒很難過，但也會成為人生中珍貴的體驗。

就算被拒絕好幾次，經歷許多悲傷，但只要最後找到理想的伴侶，不就皆大歡喜了嗎？

或許不告白，就不會後悔，但那股愛戀可能會永遠留在心中，妨礙自己尋找下一個對象。

在猶豫該不該做時，總之，不管三七二十一就先嘗試了。不管最後結果如何，都決定好不要後悔。只要這樣調教大腦，就算遇到失敗，也能控制因後悔而產生的負面情緒。

吉田松陰說：「雖知行此事會得此果，依舊會不禁想去嘗試，這就是大和魂。」意思是指：就算知道周圍的人會反對或責備，依舊會忍不住嘗試，這就是日本人的精神。

我把這句話修改了一下，變成「雖知行此事會得此果，依舊會不禁想去嘗試，這就是小田魂」，並沾沾自喜著。

然後，決定好的事情，做了就不要後悔。要認為這一切都是為了自己。

蘋果的創辦人史帝夫．賈伯斯從大學輟學後，混進了書法課去上課，這個故事很有名。當然，他當時應該沒想到這堂課未來會派上用場吧？也許乍看之下是在繞路，對實際生活不太有用的經驗，最後卻在設計第一代蘋果電腦時派上用場。

當下覺得失敗的事情，之後都會串聯在一起，成為人生的精神食糧。抱持這樣的信念去嘗試，當人生結束時，或許就不會有悔恨吧！

第五章

「不安」的逆思考術

防衛機制會因缺乏安全感而啟動

後悔是源自「過去」的記憶，而不安則是源自對「未來」的想像。「如果變成這樣該怎麼辦？」、「要是變成這樣可就糟糕了！」等，想像尚未發生的問題而感到不安，是因為人類有防衛本能。

遇到突發事件，如果驚慌失措會不利於生存。為了要臨危不亂，沉著應變，人類會產生「不安」的情感，讓自己做好心理準備。

所以，如果缺乏危機意識反而更危險吧。

偶爾會有一些年輕人做出魯莽的行為而丟掉寶貴的生命，可能就是因為他們缺少「變成那樣該怎麼辦？」或「如果這麼做下場會很慘！」的未雨綢繆吧！

當然，會不安不是什麼大事。但過度的不安只會讓自己退縮不前，縮減自己的行動範圍，因此需要適度地控制。

日本人懷抱的不安，大致可分為以下四種：

（1）對金錢的不安

（2）對健康的不安

（3）對人際關係的不安

（4）對自己正在做的事是否會順利進行的不安

如果是歐美人，則還要加上第五種：死後能否上天堂的不安。

日本人覺得人世和死後的世界有連續，兩者的界線很模糊，所以似乎不太擔心是否能上天堂。

充分準備後，用「一切就順其自然」法來忘記不安

總之我們只要活著，就會一直被前述的四種不安糾纏。但就算事先預做規劃，也不知道未來究竟會如何，所以我們能做的不是擔心：「未來會如何？」，而是要想著：「現在自己能做什麼？」，調教大腦確實面對現在，並做好準備。

把意識集中在「現在自己該如何做準備？」上，在做好萬全準備之後就不要再感到不安。

也就是下定決心不再問今後會如何。

不再問今後會如何是很重要的一點。

不管再怎麼擔心，未來的事情沒人能預知。所以就算問「今後會如何？」

也毫無意義。

例如，就算擔心：「如果罹癌該怎麼辦？」，未來也不會改變。現在的日本據說每兩人就有一人罹癌。也就是說每個人都有很高的罹癌機率。如果加上腦中風和心臟疾病，大約有八成的人會因為這些原因而死亡。

在這種狀況下，每天擔心：「如果罹癌了該怎麼辦？」，然後活得戰戰兢兢，是沒有意義的。不如放開心胸，坦然這樣想：「會罹癌就是會罹癌」，還比較好吧！

當然，為了不罹癌，你可以吃健康食品、適度運動或慎選食物。也可以事先購買癌症險，或先找好適合自己的醫院或醫師。

談到防癌，有人會建議一天吃一餐，有人則建議三餐。有人會建議喝牛奶，有人則否。也有人會推薦運動，但也有人不推薦。

到頭來你不知道哪種說法才是正確的。所以可先判斷哪些做法對自己才是最好，然後再決定要採行哪些健康之道，決定好之後，就不要去想癌症的事。因為沒人知道哪種方法有效，還有做了會如何，自己決定好怎麼做就付諸行動，然後把癌症的事忘得一乾二淨。

這就是調教大腦。

附帶一提，我自己有買癌症險，而且每半年會接受一次健康檢查，每天還會喝蔬菜汁和散步一小時，不會暴飲暴食，盡可能不累積壓力。再來，睡前一定會感恩，我認為這些是自己能做的準備。

剩下的就是「由不得自己」的世界了。反正思考未來也沒人會知道答案，所以只要做好能做的事，一切就順其自然，就是這種感覺。

「買了癌症險，一切就順其自然！」、「吃了健康食品，一切就順其自然！」、「每年都做健康檢查，一切就順其自然！」……這就是「一切就順其自然！」法。

用這種感覺化解不安，正是巧妙訓練大腦，並控制不安這種不愉快情緒的訣竅。

成功的關鍵在於能夠一再失敗，卻不失熱忱

世界上有一種人覺得：「不管是努力挑戰什麼事，失敗時，都會讓人非常沮喪，所以不如一開始就不做。」也有人在失敗時會說：「我只是還沒拿出實力，認真的話就會做得很好。」

這種生活方式是他們自己選的，所以我不打算評論。

各位已經明白大腦會追求愉快，避開不愉快。而那樣的人避開了失敗這個

不愉快，追求一開始什麼都不做的愉快。

但希望各位能察覺到一件事，就是這樣的人其實對未來有非常強烈的不安。

盡全力挑戰某件事或許會失敗，但他們因為過度擔心會失敗，所以無法前進。

他們會覺得萬一失敗了，就會變成沒用的人，但我們必須直視這樣的自己。（他們覺得）拚命嘗試如果失敗了，就會看見自身極限，他們害怕這一點。這種不安過於強烈，使得他們無法行動。

對這樣的人，我會給的建議是：「**失敗了再盡全力挑戰一次吧！如果又失敗了，那就露出笑容吧！**」就是這麼簡單，只要抱持這種輕鬆感即可。

然後看是要再度挑戰，或者是停止。只要先做好決定就好了。因為事前沒決定就直接開始，人心會感到不安。這個事前決定只有兩個選項，也就是失敗時——

（1）再嘗試一次

（2）選擇其他道路，不再繼續

只有這兩種選擇。選擇（2）「不再繼續」時，別忘記要確實告訴大腦：「停止」對自己而言是最好的道路，那是一種「愉快」。

只要事先決定好，就算後悔也不會害怕。因為只要從「再嘗試一次」或「選擇其他道路不再繼續」這兩者做選擇即可。

會選擇其他道路，不再繼續，是因為停止是最好的辦法，所以停止之後只要挺起胸膛邁向其他道路即可。如此就不會找藉口說：「我只是還沒拿出實力！」，然後害怕未來，不敢前進吧。

管它杜鵑啼不啼，做該做的事就是了

有人會先找好失敗時的藉口才去做某件事，但這就像踩油門的同時又踩煞車一樣，這樣是不可能抵達目的地的。

決定要做之後，就應該把「擔心會失敗」的不安先擺一邊，然後盡全力做自己能做到的事情。接著調教大腦，讓大腦就算在失敗後也能覺得「沒關係！」。

日本的戰國武將吟唱過一首著名的俳句叫〈杜鵑〉。

織田信長吟唱的是「杜鵑不啼怎麼辦，乾脆直接殺了算」。豐臣秀吉吟唱的則是「杜鵑不啼怎麼辦，我就讓你叫看看」。而德川家康吟唱的則是「杜鵑不啼怎麼辦，我們繼續等等看」。

對此，松下幸之助先生則說「杜鵑不啼怎麼辦，那也無妨放著看」。

當自己已經努力過了，杜鵑「卻仍沒有啼叫」，但努力過的事實依然存在，所以這樣就好了！——這是幸之助先生的想法。

既然做了就辦得到是真理，那做了依舊辦不到也會是真理。

因為即便有絕對會上榜的考試，當天還是有可能會因為剛好感冒、電車延誤、肚子痛等因素而落榜。這個世界上是沒有「絕對」辦得到的事。

伊斯蘭教徒之間流傳一句有趣的話。

例如他們約「明天三點碰面」時，最後會再加一句「Inshallah（因沙拉）」，意思是「如果阿拉應允」。也就是說，「如果阿拉應允，明天三點碰面」。

「如果阿拉應允」在某個層面上算是真理呢！就算明天三點想碰面，也可能會因為突然發燒、早上起不來，電車可能停駛、或是在半路遇到什麼意外。

所以認為絕對要成功、千萬不能失敗，或必須要讓杜鵑叫，是沒意義的。反而應該抱著「Inshallah」的心情。

未來會如何沒人知道，所以不要認為「絕對會怎麼樣」。盡全力拚命做，就算失敗了也無妨，事先告訴自己那就是最好的道路。然後調教大腦，讓大腦能做到「一切就順其自然吧！」。

抱著「也可以有不會啼叫的杜鵑」這樣的想法，如果心有不安就試著告訴自己「未來只有神知道」吧！

用文字整理激盪的情緒

不安是一種空虛的東西，有如浮雲一般。感到莫名不安時，人就會開始窮緊張。

例如，是否有人每次看電視新聞就會感到不安呢？

看到地震速報，就會開始擔心：「下次我住的地方發生地震的話該怎麼辦？」、「我們家要是在活斷層上該怎麼辦？」，或「開車經過陸橋，遇到地震、橋塌了的話該怎麼辦？」等。

然後，過一陣子看到獨居老人過世的新聞，又開始擔心：「自己也變成那樣的話該怎麼辦？」或「老了沒錢該怎麼辦？」。

每件事情都要擔心的話就沒完沒了。**不安時，最好把事情一一寫出來，然後確實整理出其風險、自己能做何種準備，以及現在該做什麼。**

對地震感到不安，那就先做好準備。可在家中準備防災用品或糧食，或先跟家人確認地震發生時的聯絡方法，也可隨身攜帶手機充電器……等，每個人都有自己的方法吧？

做好可預想的準備後，就用「一切就順其自然」法。

如果擔心老後會孤獨死，可試著重新檢視周圍的人際關係，或開始存錢讓自己未來能住養老院等，能預做的準備非常多。

如果放任一切什麼都不管，只是瞎操心，內心就會更加焦慮。但只要付諸行動，不安情緒就會逐漸減輕。

若不確實釐清想法，負面情緒就會揮之不去。為了杜絕莫名的不安，應該把自己到底在擔心什麼具體寫出來，並思考對應方式。

接著，逐一去做能做的事以消除不安，如此一來，莫名的擔憂與不安就會受到相當程度的控制。

你所擔心的事，九十九％都不會發生

常聽說如果過度擔心一件事，那件事就會真的發生。實際上當你感到不安時，那件事常會真的應驗。

要消除這點的其中一個方法，就是我會使用的「**自我實現預言法**」。這種方法反過來利用了「心想就會成真」這一點。換句話說，就是讓大腦認知到「自己不安的事情九十九％不會發生，不用擔心！」。

當然剩下一％有可能會發生，何況現在是兩人就有一人罹癌的時代，實際上會發生什麼事實在很難說……但還是要告訴大腦「感到不安的事情九十九％不會發生」。

這就是「自我實現預言法」。

「自我實現預言法」中，還有一個重要的機關。

當你對某件事感到不安時，若覺得「別感到不安，擔心的話真的會發生」時，反而會更加不安。然後又會擔心該不安可能會成真，心中又開始不安……最後掉入了原地打轉的循環中。

也就是說，會產生越覺得不能擔心就越擔心的矛盾。

而「感到不安的事情九十九%不會發生」的「自我實現預言法」背後，則隱藏了「要怎麼擔心都行，就盡量擔心吧！」的訊息。

我聽過這樣的故事。

從前有位已經開悟的高僧，某天一名年輕僧侶跑來問他：「該怎麼做才能早日開悟呢？」高僧回答：「有一個可以簡單開悟的方法。」「該怎麼做呢？」年輕僧侶興奮地問，高僧回答：「只要到明天早上之前，你都不要想猴子就能開悟。」

年輕僧侶興奮地回去了。但隔天早上，他雙眼掛著黑眼圈，身心俱疲地跑了回來。

高僧問：「你怎麼了啊？」年輕僧侶說：「我告訴自己千萬別去想猴子，結果腦中出現了一群猴子跳來跳去，整晚沒睡。」

據說人類的大腦無法理解「否定型」。比方說有聽過這樣的狀況吧：當有人告訴你「絕對不能想白熊」時，大腦還是會自行想像。

擔心的事情也一樣。告訴自己「不能擔心」，「擔心」這個詞反而會留在腦中，讓不安更加膨脹。

此時應該這樣告訴大腦：「你可以擔心，因為擔心的事情九十九％不會發生。」如此就不會過度想像不安或擔心的事情。

轉換心情，讓大腦關機

對某件事過度感到不安或擔心時，大腦就會一直去想這件事而無法跳脫。不斷循環的不安會在腦中打轉，使大腦無法擺脫負面漩渦。

此時，改變氣氛是有效的方法。

不要一直關在房間裡，索性出外散步。也可以搭電車，或是到東京鐵塔等高處眺望下方……等。無法外出時，光是泡個澡，也會有相當大的改變。

大家常會說的「轉換心情」這句話，正是最能幫助大腦脫離「不安」這負面漩渦的方法。

我自己也一樣，如果同樣的思緒在腦中重複三次，就會讓自己改變氣氛，也就是轉換心情。

思考「發生A的話，該怎麼辦？發生B的話，該怎麼辦？發生C的話，該怎麼辦？」後，同樣的念頭又會一直在腦中盤旋……。

盤旋三次後，我就會判斷大腦已陷入來回兜圈子的漩渦，然後讓自己暫時無法思考。此時，我會出外喝杯茶，或逛書店來改變氣氛。雖然人腦不是電腦，但此時就像將電腦強制關機一樣，可以這樣訓練大腦。

像這樣，當不安這種莫名之物侵蝕大腦時，若能強制自己中斷思考，就能把擔心事擺在一旁，先冷靜下來。

轉移陣地，暫時中斷手上的事，停止思考。過一會再重新啟動，就能讓大腦回歸常態。

第六章

「不滿」的逆思考術

不滿始於和別人比較

現代是一個不滿或和不滿類似的情緒（寂寞、無力感、悲傷等）不斷膨脹的社會。因為現今社會是不斷和他人比較與競爭的社會。

從前，能知道的世界極為有限，而且有嚴格的身分制度，所以和他人比較並沒有什麼意義。江戶時代的農民再怎麼羨慕大名（貴族）也沒用，所以農民會以農民的身分結束一生。這在過去的世界是理所當然的。

但現代社會不一樣。每個人都被賦予平等的機會。而且又是資訊化社會，社群網站也很發達，甚至連個人生活都能向全世界公開。

我也會看臉書或推特，這些社群網站上對外公開的內容不外乎是朋友享受美食、參加令人愉快的活動，或是被親朋好友圍繞等，每張照片都讓人看了好生羨慕。

「今天工作一整天真的好累！」或「無聊到爆！」之類的負面內容不太會被上傳。社群網站上會挑選日常生活中最棒的內容，有些人上傳的內容相當豐富，所以當然會有很多東西令人稱羨。

這麼一來，看到大家過得這麼快樂、生活又美好，相較之下自己卻……這類的不滿、嫉妒、寂寞、無力感等負面情緒就會逐漸出現。

這些負面情緒，本章為了方便一律統稱為「不滿」。

教育家森信三老師說過：「這類不滿是源自於和某人比較。」而且比較的對象肯定是與自己同等或（你以為）稍微比自己不好的人。我們絕對不會拿鈴木一朗、錦織圭、諾貝爾獎得主跟自己比，也不會心有不甘覺得：「那傢伙為什麼賺那麼多錢！」或「為什麼他能晉見瑞典國王？」。

因為你很清楚明白，他們比自己更努力幾百倍、幾千倍。知道對方遠比自己努力，就會很自然覺得「他們那麼努力，所以這是他們應得的。」或「那也沒辦法」；但如果覺得「他明明就沒在努力，卻能嘗到那樣的甜頭！」或「明明沒什麼了不起，卻能出頭！」時，嫉妒、悲慘或空虛等不滿情緒就會一口氣爆發。

一個人沉浸在負面情緒時，不僅抱怨會變多，四周還會散發出一種負面氛圍。

如此一來，好機會、貴人或好運就更不會上門了。然後本人的抱怨會變得更多，機會也會更加遠離……陷入一種惡性循環。

現代是一個容易抱持不滿或孤獨感的社會，所以控制負面情緒並調教大腦

就顯得格外重要。

本章將會講解如何調教大腦，避免內心堆積嫉妒、寂寞、無力感或悲傷……等現代社會容易有的「不滿」情緒。

用「知足法」降低幸福標準

不滿是源自於和他人比較。「那傢伙過得比較好」或「為何那種人會比我更快出人頭地？」之類的不滿，其實是日常生活中，不管是誰都會有的負面情緒。也正因為是日常生活會有的負面情緒，往往會造成惡性循環，可說是一種麻煩之物。

如果不想被不滿牽著鼻子走，就應該有意識地主動選擇不和他人比較的人生。其做法就是「降低自己的幸福標準」。

我自己的幸福標準是今天有東西吃、有被窩能睡覺、有幾個朋友或家人可一同談笑，那就是最頂級的幸福。同時，只要稍微覺得自己的工作可以讓某人感到喜悅時，我就覺得非常幸福（我知道很多人可能感受不到這一點）。

如果將自己的幸福標準，放在像這類從某種層面來看等級很低的事情上，大腦感受到的不滿就會減少。我將這種思考方式稱為「知足法」。

說一件不雅的事情，我前陣子因為腹部劇烈疼痛被抬進了醫院。原因是連續便祕了好幾天。在醫院接受適當的處置後，排便順暢的那種暢快的感覺是無可比擬的超級幸福。

在那個瞬間，沒有憤怒、不安、不滿、嫉妒或後悔，而是被一種無法言喻的幸福感圍繞。我切身感受到，平凡度過每一天的身體狀況是多麼可貴。

我想說的是，能讓你覺得「太令人感謝」的事物勝於一切。所以吃飯時要低聲說：「好好吃！」或「感謝～」。睡覺時要低聲說：「真感恩！」或「好幸福啊！」。泡澡時也要說：「真幸福～」，轉水龍頭的時候也要說：「值得感謝！」。

像這樣透過「知足法」感謝所有的東西，讓自己能感受到幸福感後，不滿真的會逐漸消失。

我在和大家說明我所提倡的「陽轉思考」時，會拿杯中的水來當例子。假設有一個杯子裝了半杯水，你看到杯子時，會怎麼想呢？

覺得「水只剩下一半」的人，是因為關注到「沒有」水的空間，也就是強調事物的負面因素。

但覺得「還有半杯水」的人，則是注目在「有」這件事情上。因為總是注目正面因素，所以人生也會比較積極正面。

認為自己已經充分「擁有」，會比覺得自己「沒有」還要幸福！

聽到「知足法」一詞，可能會有人有「必須忍耐」的印象，但其實並非如此，我認為這是一種喜悅的境界。

能夠知足的人，就會注意到人生中有許多值得欣喜的瞬間。

看到有錢人，不要覺得：「對方這麼有錢，好羨慕啊！我自己只有這麼點錢！」，你只要這麼想就好：「原來也有那樣的有錢人啊？但我已經得到這麼多喜悅了，很幸福呢！」光是這樣就能讓自己的心靈富裕。

降低幸福的標準，知足常樂。只要這樣就能大幅減少不滿的負面情緒。

追求大夢想，要以小確幸做基礎

有人會說：「說什麼知足，這是嘴硬不服輸吧！」確實也可以這麼說沒錯。但我認為就算是嘴硬不服輸也無所謂。

「他變得那麼厲害，真是出人頭地了。相較之下我卻……」大家或多或少都會這麼想吧？就算告訴你不要跟別人比，還是會不自覺想比較，因為你是人嘛！沒辦法！

但是，不要因此而抱著憤怒或憎恨這兩種負面情緒，只要告訴自己的大腦：「那個人出人頭地了，我沒他這麼厲害。但這就是我的人生，這樣就很好了！」

其實，第四章介紹過的「就是這樣了！」法也能用來控制不滿的負面情緒。

伊索寓言中有一篇狐狸和葡萄的故事。狐狸跳起來想摘樹上的葡萄。但不管怎麼跳都摘不到。

最後，狐狸嘴硬不服輸地說：「反正那串葡萄一定是酸的！」接著揚長而去。

這個故事把狐狸貶低對方的價值又嘴硬不服輸的行為，當作負面教材；但我認為就算是嘴硬不服輸也完全不要緊。

我想告訴狐狸：「沒錯，那串葡萄確實很酸！如果這樣想，就可以讓你的心情變好，那也好。」

「那樣說就是嘴硬不服輸吧！」或許有人會這麼說，就算如此，只要自己的不滿能稍微減輕，並保持內心的平靜，那嘴硬不服輸也無妨吧！

但如果毫無作為，只會嘴巴說「這樣就好！」的嘴硬不服輸，可就和我想傳達的「知足」不太一樣了。因為那種「這樣就好！」的背後，多了一種「反正我這種人怎麼努力都沒用」的放棄心態。

這麼說或許很嚴苛，但這種人完全不會進步。人類必須要有想過更好人生的上進心。

其實「那串葡萄一定很酸，所以就是這樣了！」的想法，可以和「我想吃更美味的葡萄」的上進心並存。

這代表對現在的自己感到滿足。然後現在的自己也非常棒，但還是想進一步追求更棒的世界。

以運動的世界來說，花式溜冰的選手羽生結弦就是很好的例子。他創下史無前例的世界最高分後，依舊持續向上努力精進。正因為覺得現在的自己很棒，才會想要更往上爬。

一方面不滿足於現狀，一直覺得「要是再如何如何，就會幸福」的人，內心永遠不會滿足。

就算覺得達成A就會得到幸福，等到完成A又會看見B，然後又會開始不滿，覺得「要得到B才會覺得幸福」。然後得到B之後，又輪到C……就像這樣，不滿永遠不會消失。

就算「現在」的狀態有不足之處，能夠覺得「自己的人生非常美好」的人，就不會被不滿牽著鼻子走，也能得到內心的安定。而正是因為肯定「現在」的自己，才能夠擁有想更上一層樓的熱情。

寫下屬於你的感恩日記

「知足」是去注意到自己擁有的事物，察覺自己「擁有」這件事。能感謝的事物、可喜的事物、感受到希望的事物，這些都是你擁有的。

「我沒有那樣的東西。」或許有人會這麼說，但真的是如此嗎？

上天真的沒給你任何東西嗎？

大多數人每天都能確實吃頓飯，或是在父母的寵愛下長大。「我從來沒被父母愛過。」就算有人這麼說，但是能夠活到現在，不可能從來都沒有被人重視過吧？

每天電車會準時到站，報紙也會送到家裡。

活在日本這個國家，本身就是一種感謝、喜悅和希望。晚上單獨出門，基本上不會被人襲擊，也不會有火箭彈攻擊日本。轉開水龍頭就能喝到乾淨的水，到廚房打開瓦斯爐馬上就有火，能煮一碗好吃的拉麵。

其實我們非常富有，應該感謝這一切，並對所有人事物抱著喜悅或希望，這絕對不是漂亮話——因為這樣想，可以讓你活得遠比現在更加幸福！

我們很容易看到不足、匱乏，或不滿的部分，然後只會抱怨。如果你這樣訓練大腦，就只能度過滿腹牢騷的人生。

如果你容易注視缺憾的部分，那可試著逐一寫下身邊可感謝、值得喜悅或能感受到希望的事物吧！

我的一個朋友每天早上通勤時，會用手機拍下察覺到的美好、愉快、感動的事物。然後在電車中重新審視並寫筆記，持續了好幾年。後來，他在臉書記載的生活中的「歡喜事物」與「感動事物」也因此大量增加，人生也變得精彩豐富了。

還有一個朋友每晚睡前，一定會在筆記本上逐一寫下當天感受到的愉快、感動或開心等正面事物。

如此每天都能以正面心情結束，之後重新回顧筆記本時，就會覺得「這天也好快樂！」或「這個月也好充實！」，心靈會變得更加富裕。

這是很棒的事。

像這樣逐漸訓練大腦，大腦就會在無意識中尋找感謝、喜悅或能感受到希望的事物，每天都會被豐富的心靈給填滿吧！

只要堅持，沒有辦不到的事

面對煩惱或困難時，有些人會說「做不到」或「很困難」。這些人透過「做不到」一詞先打預防針，等到真的無法處理該煩惱或問題時，再說「看吧！我就知道！」或「跟我想的一樣！」，以防止自己受傷！

「做不到」這句話只是一種口頭禪，是對現狀感到不滿的一種投射。只要你這樣說，不滿就不會消失，現況也不會改變。

而其解決方法就是相信天無絕人之路。之前提到，我被困在北海道的機場無法回到東京，結果我毫不放棄，最後找到了回東京的方法。只要告訴大腦：「應該做得到！」，大腦就一定會找出因應對策。

我有一個開公司的朋友，某天決定重新檢視庫存以降低成本。他召集了營業所的所長說：「請減少三成的庫存。」當時，所有人都說辦不到。

「那不要三成，改為減少七成！」他對做不到一詞感到火大，於是說出了驚人目標，讓眾所長嚇了一跳。接著，他帶領大家到倉庫。

「請把這件商品從一百個減少到三十個。這件請從五十個減少到十五個。」他在大家面前下達指示，請批發商把多餘的庫存全數回收。

據說，所長原本都很擔心「要是發生緊急狀況，如果沒庫存會來不及交貨」。但最後眾人變得會在事前慎重安排，讓緊急狀況不會發生，所以庫存就算減少七成也毫無影響。

最後他成功了，成本因此大幅降低。

只要嘴巴掛著「做不到」或「很困難」，不滿就永遠無法解決。相信自己做得到，並尋找解決方案，如此大腦肯定會為自己找到一條路。

不要說「做不到」，也別說「很困難」，用這種方法事先調教大腦吧！

只用正面形容詞，描述你碰到的事

訓練大腦有意識地使用表達正面情感的「情感語」，就能確實減少不滿的次數。

正面的「情感語」有許多種，例如「成功了」、「好興奮」、「好開心」、「好愉快」、「棒極了」，或「好幸運」等。

日常生活中只要稍微感受到正面情感，就用正面的「情感語」直接表達，不要打折，要如此調教自己的大腦。這能讓感受快樂的探測器變得更靈敏，人生也會更加豐富。

吃飯時也一樣，不要默默用餐，可一邊吃一邊說「這個好好吃」或「人間美味」。泡澡時也是，一邊泡一邊說「呼！好舒服」。看到路邊開的花，呢喃著「啊！好漂亮啊」。

像這樣逐一玩味自己的感情，就會得到一種陶醉感。

第二次世界大戰時，有大批的猶太人被囚禁，送到了奧斯威辛集中營。維克多．弗蘭克的《活出意義來》所描述的正是收容所內部的狀況。

他也曾被關在奧斯威辛集中營，最後幸運生還。根據弗蘭克的說法，倖存者的共通點在於，直到最後一刻都沒有放棄對未來的希望，而且不管在何種極端的狀況下，都不會忘記人心。

《活出意義來》中寫到某天他看到非常美麗的夕陽。一整天的強制勞動結束後，眾人筋疲力盡地回到了床上。在這種極限狀況下，有人注意到美麗的夕陽，並開口說話。

在嚴苛的集中營生活中，依舊有一群人看到美麗的夕陽，並感到心蕩神馳，低聲說出：「實在太美了！」這類的「情感語」。

如果擁有覺得某件事物很美的心，或是能豐富表現「正面情感語」的心，人生不僅會得到更多喜悅，還會充滿活下去的能量吧！

還有另一個故事，主角是南非共和國的前總統納爾遜．曼德拉。曼德拉前總統經歷了約三十年的黑牢。這段期間有一首詩成為他的心靈支柱，詩中有這麼一段：

「我是我命運的主宰，我是我靈魂的統帥。」即便被關在一．五坪的狹窄監獄中，不管被迫從事多麼痛苦的強制勞動，曼德拉都認為：「我是我人生的指揮官。」

正因為有這樣的想法，才能夠主動改變痛苦的現狀，使他身在強制收容所中，也能感受到世界充滿美好。

自己的人生該如何點綴，決定這點的是人生的主角——「自己」！在日常生活中，要滿嘴「不滿」，還是要把「好漂亮」或「好美麗」等愉快的「情感語」掛在嘴邊，做選擇的也是自己。

滿嘴「不滿」，負能量便會增強。

說出正面的「情感語」，就會充滿喜悅的能量。

如果是我，會選擇充滿喜悅的人生。

選擇的人是你，又會怎麼做呢？

擁抱悲傷，你會更堅強

用正面的「情感語」表達內心情感，然後細細品味享受，可以讓人生充滿具有希望的正能量。但悲傷、寂寞或無力感等負面情緒該如何是好呢？

我認為負面情緒也必須徹底品味過一次，這點很重要。負面情緒湧上後，如果視而不見而只是壓抑它，那負面情緒永遠不會消失。

例如，跟你很要好的同事離職了，你感到悲傷或寂寞的話，可以深切品味這種「好難過啊！」、「好寂寞啊！」，或「以後要見面不容易了！」的感覺。

但此時不要添加其他的負面情緒，如「當時應該這樣幫他」的後悔、「竟然丟下我一個人，不可原諒！」的憤怒，或「未來我們部門會變怎樣呢？」的不安等。

確實品味過一次悲傷或寂寞的心情，才能往前走。

但如果嘴上一直掛著「好悲傷」或「好寂寞」，然後沉溺於情緒當中，說句嚴厲的話，那是沒有意義的！在確實品味過悲傷或寂寞之後，就轉換心情繼續往前走吧！

如果轉換心情很困難，就用第二章提到的「靈魂出竅法」，先想像著自己的靈魂抽離身體，然後用客觀的方式來觀察自己。

如此一來，就可以將原本在情緒的波濤中浮浮沉沉的自己抽離吧！

隨著年齡增長，必須割捨的東西也會增加。雖然會難過，但心中應該要理解天下無不散的宴席，把這種情況當作人生的一部分繼續活下去。

人生就是一個不斷失去的過程。但也正因為會經歷失去，才更顯得其寶貴、無可取代。

人類無法長生不老，也無法永遠擁有某件事物。正因為是終將會失去的有限人生，才會想過得豐富且充滿歡笑。

而掌握此幸福關鍵的就是「調教大腦」。

第七章

擺脫負能量的惡性循環，讓正能量擴散

人生最大的快樂是追求的過程

到第六章為止，我們學習了當負面情緒湧現時，該如何調教大腦，控制煩躁的情緒。在本書的最後一章，我想講解該如何調教大腦，讓原本愉快、歡樂等正面情感更加增強。

如果能控制負面情緒，更加增強正面情感的話，我們的人生會變得更豐富吧！

人類不會因為經濟上的富裕或獲得社會地位而感到幸福。

我認為唯有在正面情感的環繞下，才能度過豐富的人生。

我們先複習一下，大腦會追求「愉快」、避開「不愉快」！我們所有的行動，都可區分為追求愉快或避開不愉快。

決定夢想或目標，為了實現它而拚命努力，這是因為大腦在追求愉快，當夢想或目標達成的瞬間，愉快的情感也會達到高峰。

問題是在那之後。

達成夢想或目標時的欣喜的愉快之感一定會慢慢消失。愉快的感覺要一直維持在高峰是一〇〇%不可能的。

持續多久才消失，會因內容而異，但最快應該十秒就會消失了吧！

我曾替奧運選手做過心智訓練，據說獲得金牌的運動選手，感受到愉快的時間真的只有片刻。奪金的瞬間會感受到強烈的欣喜，但那股喜悅會持續多久呢？令人驚訝的是，據說通常只到當天晚上。

我原本以為愉快感起碼能撐到回日本的班機上，但某運動員回答說：「沒那回事！」。甚至有運動員馬上就會冷靜下來，開始回想：「這就是我一直追求的東西嗎？」。

這也是一個重點。我們追求夢想達成時的喜悅，但夢想一達成，喜悅就會瞬間消失。這是多麼虛幻飄渺啊！

其實夢想實現本身並不快樂，追逐夢想時的興奮感才是快樂的根源。

我從以前就很喜歡音樂，希望有一天能自己創作一首交響曲。夢想是在三得利廳指揮大型交響樂團演奏自己的曲子。

我一直在談這個夢想，後來真的推動了一個專案要圓夢。

畢竟是一個大外行想創作交響曲，然後想在古典音樂的殿堂三得利廳演奏，實在是太有勇無謀了。但我還是獲得多方的協助，花了一年的時間準備，最後終於實現了。

當天，我在三得利廳的兩千名觀眾前指揮大型交響樂團，最後獲得聽眾起立鼓掌時的感動……實在無法用言語形容。

一個外行人在三得利廳指揮七十人的管弦樂團演奏自己的交響曲，很稀奇吧！

這股感動在結束後持續了十天左右。但之後大家知道發生了什麼事嗎……我筋疲力竭了，就算想寫新的曲子也完全提不起勁。

因為我心中覺得，不管再怎麼努力，三得利廳當天的那一刻已經是巔峰了，無法可以有超越當天的感動了。結果，在三得利廳演奏這個最大的夢想完成後，就再也沒有比它更讓人感動的事物，大腦對音樂已經不再感動，暫時疏離了。

我想說的是，**實現夢想或得到什麼就能幸福的想法，從大腦的機制上來看是錯誤的。**

很多日本人會有退休後到夏威夷生活的憧憬，但據說實際嘗試後，會發現日本人在夏威夷的社區很封閉，而且關係很繁瑣，因此有許多人會感受到理想和現實的差距而格格不入。像這樣，有時夢想實現後，甚至會發生意想不到的負面狀況。

不論如何，欣喜的能量不會永久持續，總有一天肯定會消退。接著發生在同一件事情上的負面狀況，可能會變得更加顯眼。

喜悅在夢想實現後肯定會慢慢消失。以為實現某事就能得到幸福是個誤會。大家應該先明白這點吧！

做自己喜歡的事最幸福

夢想就算實現，幸福也不會持續，那我們的人生不會有幸福嗎？或許會有人這麼想，但不是的。人們的喜悅來自自身「喜愛的事物」，這是一個非常重要的關鍵字。

你的喜悅，是源自自己喜愛的事物。

例如喜愛網球的人，能透過網球獲得喜悅。喜愛家人的人，跟家人一起就能得到喜悅。喜愛工作的人，能透過工作得到喜悅。

這就是大腦的機制。

正如前述，我非常喜歡桌球，所以打桌球時能得到莫大的喜悅。附帶一提，我內人不愛桌球，所以即使我邀她，她也不會想打。

「為什麼不打？很有趣喔！」我這麼一問，她會用莫名其妙的理由拒絕，例如「球太小好麻煩！」等。因為對內人而言，打桌球得不到「喜悅」。

從剛才的原理來看，以為達成某件事會感到幸福，但以大腦的運作來說其實是錯誤的。然而在達成之後，如果能一直很珍惜並喜愛它，喜悅就能長時間持續。

反過來說，我們無法從不喜愛的事物得到喜悅。喜好歷史的人讀歷史時會非常興奮，但討厭歷史的人則感受不到半點快樂吧！

只要明白這個原理，就會產生不管任何事物都先喜愛一次看看的心情吧？只要覺得「討厭這個人」，自己就永遠不會得到喜悅。所以下定決心認為「好，我要喜歡這個人，先找看看他的優點吧～」，然後實際進行之後，就能從原本很討厭的人身上得到喜悅。

由此可知，想讓自己的人生幸福只要以「喜愛」為基礎即可。

能愛自己的工作，就能從工作上得到喜悅。能愛自己周圍的人，就能從他們身上得到喜悅。

當你設定「要達成這樣的營收」，然後咬緊牙根努力工作時，會感到開心的只有達成營收目標的瞬間。前面提過好幾次，這種喜悅短時間就會消失。

幸福過活的人，腦中不會以那樣的思考行事。**我們活著，只有「現在」這個瞬間，如果能喜愛眼前的事物，就能在當下獲得喜悅。這種「現在」不斷累積後，你的人生就會得到幸福。**

不是咬緊牙根為邁向目標努力工作，而是達成目標固然重要，另一方面也要盡情享受和喜愛眼前的工作，由衷珍惜每一刻的時光。

如此一來，就能從珍惜的事物上得到喜悅。

喜悅是一種用心。感受不到喜悅是因為自己沒用心做。工作會無聊是因為在工作上沒用心。

當你越投入，就會越喜悅。

為了能度過幸福的人生，希望大家能先記住這個原則。

用「放大擴散法」獲得更多喜悅

喜悅越多，人生也會越幸福、豐富。所以調教大腦，增加能用心喜愛的對象，這正是獲得更多喜悅的一種方法。

其實，還有一個增加喜悅的方法。那就是，就像把喜悅接到擴音器上一樣，刻意使其「放大擴散」的方法。

討厭或負面的事我們會記得很清楚；但喜悅或開心等愉快的事，卻很容易就忘記。

以生物的防禦反應來說，這是理所當然的。因為不記得討厭或負面的事，可能就會有生命危險。所以我們人類在構造上，些許的喜悅馬上就會忘記。

正如把吉他的聲音接到擴大器一樣，刻意去放大擴散，在腦中逐漸增強喜悅的能量，這就稱為「**放大擴散法**」！

例如吃飯時，覺得有一點好吃時，一邊說：「這個好吃，非常好吃！」一邊進食，喜悅就會增加。泡澡時不要直接進浴缸，一邊說：「啊——這個好舒服呢！」，一邊泡在熱水中。

調教大腦時，請帶著欣喜的情感，有意識地進行每一個行動並確實去品味。

「品味」是指集中精神。人類對正面的事物，感覺本來就比較遲鈍。對不好的事物馬上就會有反應，但對小小的喜悅或歡樂等，要特別注意才會發現。

所以要集中精神玩味，注視它。

前面提到的「用心」，請把它當作「集中精神」的同義詞。只要這樣訓練大腦用心，並集中精神在目標上，喜悅就會得到放大擴散。

我常會讓五感全面運轉，調教大腦集中精神在「喜愛」的事物上。就連無意中穿在身上的衣服，只要覺得「今天穿起來有點舒服」，就將感覺集中在衣服上，加強「舒服」這份喜悅感。

我有一位男性友人，隻身被派到外縣市去。每天工作回家，他會自己煮火鍋配啤酒，從某個角度來看就像寂寞的獨居男人。

但他一邊說：「好吃！」一邊吃火鍋，一邊說：「太棒了！」一邊喝啤酒。比起悶不作聲地吃飯，用「放大擴散法」增加喜悅，絕對會感覺更好吃，每天也絕對會過得更快樂！

雖然是微不足道的小事，但每天反覆調教大腦將喜悅放大擴散，日積月累，就能逐漸改變人生的品質。

放大擴散喜悅時，有一點需要注意，那就是「莫忘初衷」。

我們先從何謂「初衷」開始說明吧！

開始做某件事時，其實很少一開始就能做得很愉快或開心。我們以新進職員的身分進公司時，會先從打雜開始吧？要學的東西很多，也常會失敗，沒時間感受快樂或愉悅。

但經過不斷努力，兩三年內就會開始覺得自己的工作很有趣。運動或學才藝也是一樣，剛開始會覺得很累、很辛苦。但努力學習，並且學會之後，就會有感受到「真的很開心！」或「好愉快！」的瞬間。其實「初衷」是指在某條道路上，能實際感受到趣味的瞬間。

世阿彌寫的《風姿花傳》是一本關於日本能劇的祕傳，書中寫到的，就是這「莫忘初衷」。

當一件事可以做得很好，達到老手的境界後，就會覺得做得到是理所當然的，不知不覺忘記「初衷」的愉快或喜悅。「莫忘初衷」就是指不能忘記「初衷」那股喜悅能量，以及想繼續往上精進的熱情。

我們不會因為做到或達成某件很厲害的事而感到幸福。前面提過很多次，那種喜悅會在短時間逐漸消失。人生的幸福，不在於達到頂點的那一刻。莫忘「初衷」的愉快，每天持續用心，過日子。人生的喜悅，就在那樣平凡的日常生活中。

感動力能提升大腦的效能

用擴大器放大擴散喜悅後，感動也會隨之增加。而感動增加後，大腦的效能也會提升。

這是因為人類在感動時，腦中的杏仁核會產生反應，而杏仁核的活動能活化大腦。

當感動越強烈，杏仁核的反應就會越大，連帶提升大腦的效能。若能產生這種好的循環，就能更加推動自己的人生。

從大腦的活動來看，相較於單純記憶力好或計算速度快的人，感動力越強的人，能力也會越高，想實踐某件事的能量也會越強。

換句話說，頭腦好壞與「感動力」成正比。

創設松下電機的松下幸之助先生只有小學畢業，而且體弱多病，人生大部分的時間都臥病在床。即使是這樣的人，應該說，正因為他是這樣的人，感動力才會比常人強一倍。

幸之助先生十五歲走在路上時，有一輛路面電車正好從眼前開了過來。

那個瞬間他十分感動，忽然閃過一個念頭：「今後是電的時代！」於是他馬上辭去腳踏車店的工作，到大阪電燈就職。

這成了他之後創設松下電機的契機。如果當時幸之助先生看到電車沒有感動的話，就不會有現在的松下電機。這可說是深受感動的內心，推動大腦並開拓人生的例子。

知道「感動」可引出大腦的效能後，就算是原本興趣缺缺的事，當決定要做之後，只要設法讓大腦感動，就能得到超乎期待的結果。

告訴大腦這是非常有價值的事，然後享受過程，只要真心覺得很美妙，同時去面對事物，就能創造出超乎自身能力的結果。

巧妙調教大腦，用一些巧思有意識地讓大腦感動也非常重要！

目的是「動機」，目標是「夢想實現時的影像」

人生少不了「目的」和「目標」。

沒有終點、只是漫無目的地往前走，和有明確的終點、並跑步向前，這兩種情況所引發的幹勁和帶來的成就感是天壤之別。

人生如果有可稱為終點的「目的」和「目標」，正面的情緒就能更加受到鼓舞，成為前進的動力吧！

話說，大家知道「目的」和「目標」的不同嗎？

直截了當來說，「目的」是為何那麼做的理由，「目標」則是完成該事物時的景象和影像。

例如，在奧運奪金是「目標」。因為有在奧運男子田徑一百公尺奪金的

「目標」，所以可明確想像自己在競技場頒獎台上的身影。

另一方面，「目的」就更抽象了。如果是運動員，目的可能會是挑戰自身的極限，也可能是希望透過運動讓世界大同。

「目的」或許很難像「目標」一樣鮮明。但思考目的時，若能自然湧現達成後的喜悅之情，那該目的就是真正的目的。

常會聽見政治家說：「讓全體國民幸福就是我的目的，我會為此而努力」。當他想像達成後的模樣，且真心感到喜悅時，那就是真正的目的。但如果是為了騙選票而說的場面話，那本人就不會有喜悅的情感，該目的也會是虛假的。

我們往往容易把「目標」和「目的」搞混，並忘記喜悅。常會看見只有立下「目標」，忘記「目的」的例子。如此，就得不到目的所附帶的喜悅，目標也會感覺像義務一般。

假設公司提出了一個數字說「這是業績指標」時，若把數字當作「目標」，工作時就會被義務感糾纏。

此時，請試著思考一下，為什麼要做這個工作？也就是「目的」吧！比方說，設定一個能感受到莫大喜悅的目的，例如「做了這件事，能讓客戶開心！」或「宣傳這項商品能貢獻社會」等。

只要有明確的「目的」，就能想像為了該「目的＝喜悅」，而達成業績這個「目標」的景象。如此一來，就會主動且欣然地挑戰業績指標。

實不相瞞，我剛開始進行將富士山變成世界遺產的活動時，也沒有一個明確的「目的」。單純只是一位認識的社長拜託我，才會開始為了將富士山變成世界遺產這個「目標」而努力。

硬要說的話，我的「目的」是「因為被社長拜託，所以想回應社長的期待！」，理由相當薄弱，並不存在會讓人興奮顫抖的喜悅。

但進行中我漸漸覺得：「讓令日本人自豪的富士山變成世界遺產，是為了全日本！所以這個活動是為了日本而做的！」

在那之後，光是想到富士山我就會感到喜悅，對於把它變成世界遺產這個「目標」，我感到幹勁直線上升。

「目的」明確後，對「目標」的想像也越來越鮮明，將富士山變成世界遺產的活動也加快腳步動了起來，往實現的方向邁進。

讓「為了什麼？」的「目的」多一層喜悅。然後讓為了實現目的的「目標」，盡可能視化，例如：用數字或圖形顯示。

如此一來，幹勁就會逐漸增加，能夠在感到喜悅的同時達成目標。更不可思議的是，圍繞在自己周圍的現實，會開始朝向實現動起來。

調教大腦時，找出明確的「目的」和「目標」，讓自己在行動時，能永遠不會忘記喜悅的情感，正是引出大腦效能最有效的方法。

心想就能事成

設定好能感受到喜悅的目的後，要設定能實現該目的的具體目標。目標越具體，就越能接近實現。

據說在雅典奧運馬拉松奪金的野口瑞希，是在電視上看到高橋尚子在雪梨奧運優勝的那一刻，才會想要挑戰馬拉松並奪金。

不用說，野口的目標是在奧運奪金。目標很鮮明具體，所以野口才能夠真的奪金吧！

但依我所見，像野口選手一樣能鮮明地將目標可視化的人是少之又少。大部分的人剛開始都不太能具體想像出影像。就算想具體，內容也會模糊不清。但不斷反覆嘗試，告訴大腦：「我想這麼做！」或「我想成為這樣！」，同時想像達成時的喜悅並玩味它，奇妙的是焦距就會慢慢對上，影像也會逐漸明晰。

這點，創設京瓷的稻盛和夫先生也提過，**剛開始目標可能是黑白的，但只要心中持續且強烈地將之牢記心中，就會逐漸變得鮮明，最後會變成彩色且清晰可見。**

屆時，如果喜悅的情感能隨著影像湧現，更是一大收穫。人腦無法區分現實或虛擬，所以目標會變成現實逐漸出現在眼前。常會聽到：「夢想的描繪要具體」就是這個原因。

我在三得利廳指揮自己的交響樂時也一樣，剛開始只能浮現出空空蕩蕩的會場。但在不停可視化的過程中，我在想像中，開始聽見演奏結束後有人在喊：「太棒了！」，轉身一看，甚至能看見觀眾全體起立鼓掌的樣子。

接著很奇妙的是，影像變得越具體，與其相呼應的貴人就會出現在自己眼前。自己覺得只有「１」時，就只會出現能力只有１分的人；但如果強烈意念著「１００」的話，擁有１００分實力的人就會前來幫助你。

有過這樣的經驗後，我實際感受到、也更加相信，越是強烈且鮮明地想像，就越能實現願望。

現在我正打算進行一個活動，向世界傳達日本精神之美。我探尋已故日本偉人的足跡，想將他們的功績或思想告訴全日本，甚至是全世界。在這過程中，我開始接觸一些到目前為止和我沒交集的族群。

深深探索內心，讓目標鮮明後，符合自己深度的人肯定會出現。

願望沒實現是因為自己的意念不足，所以能幫你實現夢想的人才沒有出現。

剛開始就算很模糊，還是要持續祈願，意念的強度很重要。

可以讓他人幸福，自己也會幸福

我們都是為了幸福而生。

幸福就是感受到喜悅。吃美食、受到讚美、看到美麗的景色、薪資入帳……這些是大家共通的喜悅。

但人類最大的喜悅是：給予他人喜悅。我不是在說漂亮話。人類的大腦就是這樣的構造。

自己這個存在，替某人或世界帶來幫助的實感，會成為人生意義、成為強烈的喜悅。

所以自己的「目的」或夢想，如果加入「幫助他人」這個要素，喜悅就會更加擴大。

當然自己想吃美食或過富豪般的生活也是很棒的夢想，但其中如果加入「某人的喜悅」，自己的喜悅也會變成好幾倍。而奇妙的是，實現夢想的動力也會增加好幾倍。

運動員也一樣，越厲害的選手就越重視與教練、領隊、父母或夥伴的關係。因為他們知道如果和身邊的人處不好，表現就會大幅退步。自己努力拿到亮眼成績，就能讓周圍的人喜悅。這會成為力量，激發出最佳表現。

我們在職場上也一樣，不要只為了自己的薪水或經歷，可試著讓大腦認知到這個工作會對世人或世界帶來幫助，如此一來，成果就會大幅提升。持續這麼做，從結果來看不僅薪水會增加，還能替自己的經歷加分。

不要以薪水或經歷為先，要為他人的喜悅而做，這樣就會隨之得到好的結果。

這就像是一種方程式，可以這樣調教自己的大腦。

不幸的是，人腦只會想著：「周圍的人都不幫我」、「我沒得到任何東西」、「明明能得到更多就會變得更幸福的」，從不會想主動給予他人。所以這樣的人才會不幸。因為他們只會從別人身上獲得。在佛教的世界中，甚至會刻意四處找窮人托缽，使其有施予他人的機會。

自己能給對方什麼？能為這個人做什麼？能對這個社會帶來什麼貢獻？把重點放在給予，把意念集中在如何讓他人感到喜悅上，這樣自己和他人都會得到幸福。

這才是人生的幸福與成功。

自己現在想做的事，是否能讓某人感到喜悅？是否能看見那個人喜悅的表情？試著在腦中重新問自己一次吧！

突破自我，你才會知道自己有多強大

所有事物每天都會進化。松下幸之助先生說過，這個宇宙不斷在成長發展。持續進化和發展是宇宙的能量，亦是道理。

嘗試從大腦的觀點看待這件事，不知道的事情知道了；不會的事情學會了，正是一種發展和喜悅。不斷成長發展和持續進化，理當會讓人感受到喜悅。

然而，會出現一些東西來隔絕這份喜悅。也就是俗稱的極限或障礙。要把至今能做到十分的事情提升到十一分時，極限就會出現。反覆嘗試幾次都失敗後，大腦就會採取動作避免不愉快，覺得做到十分就好。

若在這裡停下腳步，那個人永遠都只會做到十分。但如果持續挑戰，某天就會突然辦到。而此時的快感正是突破的喜悅。

知道這份喜悅的人，與覺得「十分也無妨」的人，兩者會有很大的差異。

我過去在練肌肉時，能夠舉起八十公斤的槓鈴，但下個階段：八二．五公斤的槓鈴卻怎麼也舉不起來。

明明才差二．五公斤，槓鈴卻文風不動。我請訓練師陪練，用力想要舉起，持續了好幾次痛苦的狀態，依舊很難憑一己之力舉起。

但不放棄持續挑戰後，某天我突然能舉起八二．五公斤，當時不知道有多開心！

從那天開始，我就能舉起八二・五公斤。接著我挑戰八五公斤，同樣又遇到了障礙，重複之前的狀況。

但我認為像這樣挑戰「現在做不到」的事物，持續突破極限的人，人生也能逐漸改變的。

你是在八十公斤的世界就能滿足的人呢？還是目標八五公斤、想憑一己之力突破極限的人呢？

這兩者的不同，會成為人生的差距。**體驗過突破並感受到喜悅的人，擁有不管做什麼都能一帆風順的可能性。**

若持續成長發展是宇宙的原理，亦是一種喜悅的話，人腦也應當挑戰極限，不斷踏入未知的世界，這會成為莫大的喜悅。

這個世界尚有無數個自己不知道的世界。也就是說，喜悅是無限的。

在這個喜悅和幸福多到終其一生也無法全數享盡的世界。你要故步自封，覺得自己「到此為止」或「極限在此」？還是要打破現狀突破障礙呢？

選擇權就在你身上。

結語

我大學畢業後，因為想從事社會教育而進入了松下政經塾。在我二十七歲還是塾生時，創立了企業教育研究所，開始舉辦各式各樣的活動。由於經營得相當順利，讓當時年輕的我十分意氣風發。

但「花無百日紅」，就是這麼一回事。我因為不慎答應了某個大型專案，搞得失去了一切。

我失去了金錢、工作和信用……失去一切的我，每天汗流浹背、四處奔走，設法想取回一切。

那時，一位牧師朋友對我說：

「你現在就像跌入了油槽一樣，越是掙扎就越會往下沉。所以現在暫時什麼都不要做，讓自己浮起來吧！」

我頓時恍然大悟，覺得他說得沒錯，就算我再心急，事態也不會好轉。在那之後我決定什麼都不做，放空自己。有一段時間我處於絕望的深處，但最後我慢慢注意到自己有多幸福。

我覺得「失去了一切」，但每天三餐都還有著落，也有居所和溫暖的床鋪可睡。還有願意關心我的朋友跟我說：「你辛苦了！」，這一切都讓我覺得「難能可貴」，因此覺得「暫時就這樣吧！就這樣什麼都不做，暫時漂流一陣子吧！」

然後我決定不再抱持「自己的人生就此結束」、「人生一片黑暗」、「我失去了信用」，或「已經沒救了」等負面的不安或後悔的情緒。

就這樣度過每一天後，所謂「當上帝關了一扇門，必打開另一扇窗」，後來我又逐漸獲得工作的邀約。

連我這樣的人也有人願意拜託我，這讓我覺得十分可貴，於是我努力、用心地做好眼前的每一項工作。

半年後我回過神來，發現工作的數量已經回到過去的水準。

從這項經驗，我獲得了一個結論，那就是不能過度抱持負面的情緒。不管遇到哪種失敗，人都不會因此而失去一切。只要還活著，永遠都會有挽回的機會。

後悔、不安或不甘心等負面情緒，單純是大腦的電訊號。不應受到那種沒有實體東西的擺布，糟蹋自己的「現在」和未來。

本書介紹的是調教大腦，目的是希望讀者不要被負面情緒玩弄，同時更加擴大增量正面情感。當心中感到挫折，或是想活得更精彩時，希望各位能想起本書。

最後，我想送大家一句能讓內心開朗的珍藏話語。

當有人感謝你，對你說「多虧有你，真是幫了我大忙」或「真的很感謝你」時，通常大家會謙虛地說「不！不！不！，這沒什麼大不了的！」或「沒那回事」吧？

但下次你可以展露笑容，試著像我一樣用這句話這麼回答：

「能讓你感受到喜悅，我也很高興。我才要謝謝你呢！」

品味他人喜悅的瞬間，正是人生最幸福的一刻，讓我們一起來感受這一刻吧！

謝謝你讀到最後。

此外，本書的出版得到SunMark出版社的黑川可奈子小姐及作家辻由美子小姐莫大的幫助，我想在此致上最崇高的謝意。

二〇一六年九月
小田全宏

人生顧問 313

負面情緒的逆思考術
擺脫焦慮，逆轉怒氣，停止抱怨，讓壞心情激發好能量的大腦訓練法

作　者—小田全宏
譯　者—李麗真
副主編—郭香君
責任編輯—邱淑鈴
責任企劃—張瑋之
美術設計—比比司設計工作室
校　對—邱淑鈴

發行人—趙政岷
出版者—時報文化出版企業股份有限公司
10803台北市和平西路三段二四〇號四樓
發行專線—（〇二）二三〇六—六八四二
讀者服務專線—〇八〇〇—二三一—七〇五
（〇二）二三〇四—七一〇三
讀者服務傳真—（〇二）二三〇四—六八五八
郵撥—一九三四四七二四時報文化出版公司
信箱—台北郵政七九～九九信箱
時報悅讀網—http://www.readingtimes.com.tw
法律顧問—理律法律事務所　陳長文律師、李念祖律師
印　刷—家佑實業股份有限公司
初版一刷—二〇一八年八月十日
定　價—新臺幣三〇〇元
（缺頁或破損的書，請寄回更換）

時報文化出版公司成立於一九七五年，
並於一九九九年股票上櫃公開發行，於二〇〇八年脫離中時集團非屬旺中，
以「尊重智慧與創意的文化事業」為信念。

負面情緒的逆思考術：擺脫焦慮,逆轉怒氣,停止抱怨,讓壞心情激發好能量的大腦訓練法 / 小田全宏著；李麗真譯. -- 初版. -- 臺北市：時報文化, 2018.08
面；　公分. --（人生顧問；313）
譯自：脳のしつけ
ISBN 978-957-13-7504-5（平裝）

1.成功法　2.情緒管理

177.2　　　107012241

NOU NO SHITSUKE
by Zenko Oda

ISBN 978-957-13-7504-5
Printed in Taiwan